Wolfgang Link

DAS *SCHNELLE*
DIABETES-
KOCHBUCH

Wolfgang Link

DAS *SCHNELLE* DIABETES-KOCHBUCH

Die besten Rezepte für jeden Tag

Weltbild

INHALT

VOLKSKRANKHEIT DIABETES

Diabetes kann jeden treffen, Menschen aller Altersstufen, jeden Geschlechts und aus allen Gebieten der Welt. Und das tut die Krankheit auch – in Zahlen, die dramatisch zunehmen.

Weltweit leiden laut der *International Diabetes Federation* (IDF) 425 Millionen Erwachsene an Diabetes, und man geht davon aus, dass im Jahr 2045 bereits 629 Millionen Erwachsene betroffen sein werden.

Vor allem Typ-2-Diabetes ist massiv auf dem Vormarsch, da geschätzt aktuell 352 Millionen Menschen gefährdet sind, daran zu erkranken. Selbst bei Kindern ist Diabetes keine Seltenheit, wenn man bedenkt, dass weltweit 1,1 Millionen Kinder Typ-1-Diabetes haben.

Auch die Zahlen in Deutschland sehen erschreckend aus: Laut dem 2019er Bericht der *Deutschen Diabetes Gesellschaft* (DDG) waren im Jahr 2017 7,5 Millionen Deutsche von Diabetes betroffen. Man geht davon aus, dass die Zahlen noch weit höher sind und weitere 2 Millionen Menschen in Deutschland an Diabetes leiden, bei denen dies bisher noch nicht diagnostiziert wurde.

Laut IDF sind die meisten Betroffenen an Typ-2-Diabetes erkrankt, der Anteil liegt hier bei 90 Prozent, 10 Prozent der Erkrankten leiden an Typ-1-Diabetes.

WAS IST DIABETES?

Typ-1-Diabetes wird durch eine Autoimmunreaktion verursacht, bei der das Abwehrsystem des Körpers die insulinproduzierenden Zellen angreift. Dadurch produziert der Körper nur sehr wenig oder gar kein Insulin. Typ-1-Diabetes kann Menschen jeden Alters betreffen, entwickelt sich aber meist bei Kindern oder jungen Erwachsenen.

Typ-2-Diabetes geht im Allgemeinen eine Insulinresistenz voraus, die häufig dadurch entsteht, dass über einen längeren Zeitraum sehr viel Insulin produziert und verarbeitet werden musste. Nicht selten entsteht diese Insulinresistenz durch eine kohlenhydratreiche Ernährung, gepaart mit einem inaktivem Lebensstil. In Folge reagiert der Körper bei Typ-2-Diabetes nicht vollständig auf das Insulin, sodass dieses nicht mehr richtig weiterverarbeitet werden kann. Das Ergebnis sind erhöhte Blutzuckerwerte, die wiederum zahlreiche schwerwiegende Folgeerkrankungen nach sich ziehen können.

Typ-2-Diabetes – früher häufig als »Altersdiabetes« bezeichnet – tritt vor allem bei älteren Erwachsenen auf, wird aber aufgrund steigender Fettleibigkeit, körperlicher Inaktivität und schlechter Ernährung zunehmend auch schon bei Kindern, Jugendlichen und jüngeren Erwachsenen beobachtet.

DIE BEDEUTUNG DES BLUTZUCKERSPIEGELS

Diabetes tritt auf, wenn die Bauchspeicheldrüse nicht mehr dazu in der Lage ist, Insulin zu produzieren, oder wenn der Körper das von ihm produzierte Insulin nicht richtig nutzen kann.

Insulin ist ein Hormon, das wie ein Schlüssel wirkt, damit Glukose, also Zucker, aus der Nahrung, die wir zu uns nehmen, durch den Blutkreislauf in die Zellen des Körpers eintreten kann. Dann benutzt der Körper diese Glukose als Energiequelle. Wir produzieren Glukose, indem der Körper die Kohlenhydrate, die wir essen oder trinken, im Blut in Glukose zerlegt.

Bei Menschen, die keinen Diabetes haben, erkennt die Bauchspeicheldrüse, wann Glukose in den Blutkreislauf gelangt ist und gibt die richtige Menge an Insulin ab, damit die Glukose in die Zellen gelangen kann. Bei Diabetikern funktioniert dieses System aber nicht. Da Glukose nicht in die Zellen gelangen kann, beginnt sie sich im Blut aufzubauen und führt somit zu einem erhöhten Blutzuckerspiegel, auch bekannt als Hyperglykämie. Auf lange Sicht sind erhöhte Blutzuckerwerte mit zahlreichen Folgeschäden verbunden. Diese reichen von hohem Blutdruck über die Gefahr, eine Fettleber zu entwickeln, bis hin zu Schädigungen der Gefäßinnenwände, die zu Gefäßverschlüssen und dadurch bedingtem Herzinfarkt oder Schlaganfällen führen können.

Glücklicherweise können Betroffene aber mithilfe einer konsequenten Blutzuckereinstellung diese Risiken und somit auch die Folgeerkrankungen deutlich senken. Dazu leistet die richtige Ernährung einen wesentlichen Beitrag.

STABILE BLUTZUCKERWERTE DURCH WENIGER KOHLENHYDRATE

Nehmen wir über unsere Nahrung Kohlenhydrate auf, hat dies einen Anstieg des Blutzuckerspiegels zur Folge. Ein gesunder Mensch reagiert darauf mit dem Ausstoß von Insulin, welches für die Verstoffwechselung der Kohlenhydrate benötigt wird. Durch die Insulinwirkung des gesunden Körpers kann der Blutzuckerspiegel anschließend wieder auf das Ausgangsniveau herabgesenkt werden.

Bei Diabetikern liegt aber ein Problem mit dem Kohlenhydratstoffwechsel vor, was daher rührt, dass dem Körper zu wenig oder kein Insulin zur Verfügung steht. Somit steigt bei Diabetes-Erkrankten nach der Aufnahme von Kohlenhydraten der Blutzuckerspiegel an, ohne dass das Insulin diesen regulieren kann.

Eine kohlenhydratarme Ernährung ist daher ein geeigneter Weg zur Verbesserung der Blutzucker- und Insulinwerte. Denn mit einer Low-Carb-Ernährung wird der Blutzuckerspiegel langzeitig reduziert und auf einem konstanten Level gehalten.

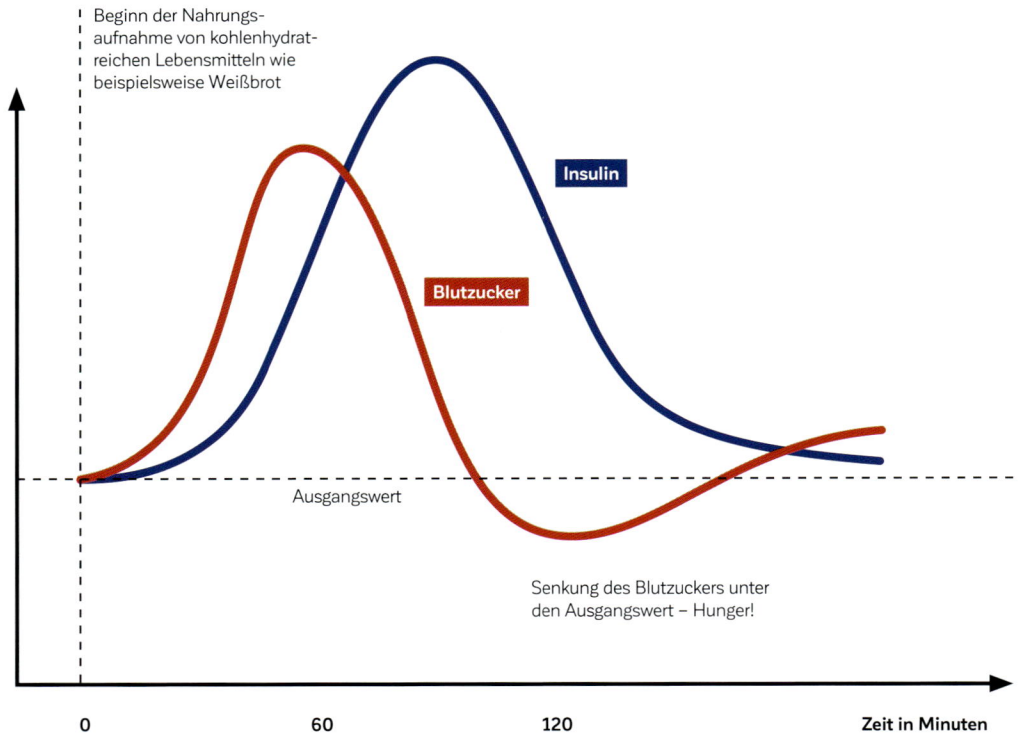

Beginn der Nahrungsaufnahme von kohlenhydratreichen Lebensmitteln wie beispielsweise Weißbrot

Insulin

Blutzucker

Ausgangswert

Senkung des Blutzuckers unter den Ausgangswert – Hunger!

| 0 | 60 | 120 | **Zeit in Minuten** |

Diese Kurve zeigt die Blutzuckerreaktion sowie die Insulinausschüttung zwei Stunden nach der Aufnahme von kohlenhydratreichen Lebensmitteln. Sobald die Blutzuckerkurve unter den Ausgangswert sinkt (nach etwa zwei Stunden), entsteht Hunger.

BEWEGUNG GEHÖRT DAZU

Sport und Bewegung sind gesund – das gilt vor allem auch bei Diabetes. Schließlich ist mangelnde Bewegung einer der Hauptgründe für das Entstehen von Typ-2-Diabetes. Daher ist es vor allem für Menschen, die an diesem Diabetes-Typ erkrankt sind – aber auch bei anderen Diabetes-Typen –, enorm wichtig, sich regelmäßig zu bewegen.

Denn körperliche Aktivität verbessert die Insulinsensitivität der Körperzellen, sodass mehr Glukose aus dem Blut in die Zellen aufgenommen werden kann und die erhöhten Blutzuckerwerte sinken.

Zudem unterstützt Sport den Muskelaufbau. Das ist vor allem deswegen wichtig, weil eine verbesserte Muskulatur bedeutet, dass sich der Grundumsatz an Kalorien erhöht und mehr Energie verbraucht wird. Durch die körperliche Aktivität sinkt der Insulinbedarf der Körperzellen, was für Menschen mit Diabetes bedeutet, dass die Insulinzufuhr verringert werden kann – natürlich nur in Absprache mit dem behandelnden Arzt.

Sportliche Aktivitäten verbessern außerdem den Blutdruck und reduzieren überschüssiges Fett. Insgesamt kann regelmäßige Bewegung bei Diabetes so dazu beitragen, typische Folgen der Zuckerkrankheit wie Gefäßverkalkungen oder einen Herzinfarkt zu vermeiden.

Generell eignen sich für Menschen mit Diabetes alle Sportarten, vor allem Ausdauersportarten, die das Herz-Kreislauf-System stärken, wie Laufen, Nordic Walking, Radfahren oder Schwimmen. Schon ein regelmäßiger Spaziergang in zügigem Tempo ist hilfreich. Auch Krafttraining ist bei Diabetes sehr geeignet, weil es den Muskelaufbau unterstützt. Vor Beginn einer neuen Sportart sollten Sie in jedem Fall mit Ihrem Arzt besprechen, welche Bewegungsform für Sie am besten geeignet ist.

Und noch ein Tipp: Bauen Sie auch in Ihren Alltag so viel Bewegung wie möglich ein. Nehmen Sie die Treppe statt den Aufzug, gehen Sie kurze Strecken möglichst zu Fuß oder fahren Sie mit dem Rad statt dem Auto – denn jede noch so kleine Bewegung hilft.

DIE LOW-CARB-ERNÄHRUNG – IDEAL BEI DIABETES

Bei Diabetes spielt die richtige Ernährung eine entscheidende Rolle. Mit einer gesunden, kohlenhydratreduzierten Ernährung, bestehend aus viel Gemüse und reichlich natürlichen Fetten sowie Eiweiß in Form von Fleisch, Fisch und Eiern und geringen Mengen an Milchprodukten, Nüssen und Obst, kann man Diabetes besser in den Griff bekommen.

DIE VORTEILE DER LOW-CARB-ERNÄHRUNG

Nachdem Diabetes- und Ernährungsfachgesellschaften jahrelang eine kohlenhydratreiche und fettarme Diät für Diabetiker empfahlen, weiß man heute, dass durch eine Reduzierung des Kohlenhydrat-Anteils in der Nahrung zugunsten von Fett und Eiweiß der Blutzuckerwert sinkt, was wiederum den Insulinbedarf reduziert. Gleichzeitig werden durch diese Ernährungsform extreme Blutzuckerschwankungen vermieden, wodurch die bei Diabetikern befürchteten Heißhungerattacken der Vergangenheit angehören. Die Blutwerte normalisieren sich, zudem beginnt der Körper, seine Energie hauptsächlich aus der Fettverbrennung zu gewinnen – ein positiver Nebeneffekt, der nicht nur zu Gewichtsverlust führt, sondern auch das Risiko für Folgeerkrankungen senkt.

Und ganz nebenbei versorgt eine Low-Carb-Ernährung den Körper optimal mit Nährstoffen und sorgt aufgrund des erhöhten Anteils an Eiweiß und Fetten für eine lang anhaltende Sättigung. Außerdem bietet Low Carb eine breite geschmackliche Vielfalt und ist dadurch abwechslungsreich und lecker.

WAS GENAU IST LOW CARB?

Bei der Low-Carb-Ernährung (engl. low = niedrig, carbohydrates = Kohlenhydrate) ist das Ziel, den Anteil an Kohlenhydraten in der Ernährung deutlich zu reduzieren. Dies bedeutet also, dass vor allem stärke- und zuckerreiche Lebensmittel, wie beispielsweise Weißbrot, Kartoffeln, Pasta, Reis, Zucker, Säfte etc., zum größten Teil vermieden werden. Diese kohlenhydratreichen Lebensmittel werden vor allem durch fett- und eiweißreiche Lebensmittel ersetzt. Die Mahlzeiten bestehen in der Regel hauptsächlich aus Fisch, Fleisch und Gemüse sowie natürlichen Fetten, Nüssen, Obst und Milchprodukten. Kohlenhydratlieferanten sind aber in kleinen Mengen erlaubt, denn das Ziel ist ja »Low Carb«, also weniger Kohlenhydrate, nicht der gänzliche Verzicht.

LOW CARB MIT GENUSS

Für eine Low-Carb-Ernährung gibt es die verschiedensten Ansätze. Ich schlage eine moderate Low-Carb-Ernährung vor, bei der die Aufnahme der Kohlenhydrate maßvoll und nicht vollständig reduziert wird. Dies ist deswegen vor allem für Diabetiker wichtig, weil die Kohlenhydrate einen Anstieg des Blutzucker- und Insulinspiegels bewirken und dadurch eine Gewichtszunahme und die Entstehung zahlreicher Erkrankungen wie Diabetes, Bluthochdruck etc. begünstigen. Eine Reduzierung der Kohlenhydrate bewirkt, dass der Blutzuckerspiegel auf einem niedrigen Niveau gehalten wird und eine geringe Insulinausschüttung erfolgt. Das entlastet und unterstützt den Stoffwechsel und sorgt für eine Ausbalancierung von Blutfettwerten, Blutdruck, Blutzucker und Insulin und für eine bessere Fettverbrennung.

Low Carb eignet sich daher nicht nur bestens zur Gewichtskontrolle und -abnahme, sondern ist auch die ideale Ernährungsform für Menschen, die sich einfach gesund ernähren möchten. Besonders gut geeignet ist es für Patienten mit erhöhten Blutfetten, mit Insulinresistenz, Prädiabetes und Diabetes.

SO FUNKTIONIERT DIE LOW-CARB-ERNÄHRUNG

Eine moderate Form der Low-Carb-Ernährung mit einer Kohlenhydratzufuhr von 80 bis 130 g pro Tag ist ideal. Dabei gibt es keine drastischen Einschränkungen oder gar Verbote – und genau das macht die Low-Carb-Ernährung so flexibel und praktisch. Denn wer sich nach dieser Methode ernährt, muss nicht hungern, verzichten oder langweilig essen. Ganz im Gegenteil: Man darf auch ab und zu Kohlenhydrate wie ein Brötchen, eine Portion Kartoffeln oder Pasta und sogar das ein oder andere Stückchen Schokolade oder Kuchen zu sich nehmen.

Die Basis der Low-Carb-Ernährung bilden Gemüse, Salate, Pilze und zuckerarme Obstarten wie Beeren, zudem hochwertige Eiweißlieferanten wie Käse, Eier, Fleisch oder Fisch, außerdem gesunde Fette und Öle sowie Nüsse und Saaten. Diese Nahrungsmittel liefern nicht nur wertvolle Nährstoffe, sondern auch jede Menge Geschmack.

Mit dieser Ernährungsform essen Sie daher kohlenhydratärmer und gesünder, denn weniger Kohlenhydrate bedingen einen niedrigeren Blutzucker- und Insulinspiegel, wodurch schwankende Werte und Heißhungerattacken endlich der Vergangenheit angehören. Außerdem gewährleistet die Kombination aus wasser-, ballaststoff- und eiweißreichen Lebensmitteln eine ausreichende und lang anhaltende Sättigung. Und ganz nebenbei unterstützt der nun geringe Insulinspiegel die Fettverbrennung, hemmt die Fettspeicherung und sorgt so dafür, dass vorhandene Fettpolster schmelzen.

Welche Lebensmittel liefern wie viele Kohlenhydrate?

Lebensmittel	Menge	Kohlenhydratgehalt	
Nudeln	60 g (= 150 g gekocht)	46 g	
Hirse	60 g (= 150 g gekocht)	41 g	
Mais	60 g	39 g	
Reis	50 g (= 150 g gekocht)	35 g	
Vollkornbrötchen	1 Stück (60 g)	26 g	
Brötchen (weiß)	1 Stück (60 g)	26 g	
Weißbrot	1 Scheibe (45 g)	22 g	
Kartoffeln	150 g	21 g	
Vollkornbrot	1 Scheibe (50 g)	19 g	
Fruchtsäfte wie Apfel- und Orangensaft	200 ml	18 g bis 22 g	
Obst – zuckerreich: Banane, Mango, Ananas, Trauben, Kirschen etc.	150 g	15 g bis 32 g	
Milch, Joghurt, Quark und Kokosmilch (alle ungezuckert)	150 g	6 g bis 7 g	
Hülsenfrüchte gegart (Linsen, Bohnen, Erbsen, Sojabohnen, Kichererbsen)	150 g	5 g bis 25 g	
Obst – zuckerarm: Zitrusfrüchte, Apfel, Birne, Beerenobst, Melone, Papaya, Kiwi etc.	150 g	4 g bis 15 g	
Gemüse, Salat und Pilze	150 g	1 g bis 10 g	
Nüsse, Kerne	20 g	< 2 g	
Frischkäse, Sahne, saure Sahne	1 EL = 20 g	< 1 g	
Eier, Fisch, Meerestiere, Käse, Fleisch, Wurst, Fette und Öle	pro Portion	< 1 g	
Quelle: Bundeslebensmittelschlüssel			

DIE LOW-CARB-PYRAMIDE

STUFE 4 – SELTEN:
verarbeitetes Getreide (Weißmehl), Süßigkeiten

STUFE 3 – WENIG:
Vollkornprodukte, Kartoffeln, Nudeln, Reis und Mais

STUFE 2 – HÄUFIG:
Milchprodukte, Eier, mageres Fleisch, Geflügel, Fisch, Nüsse und Hülsenfrüchte

STUFE 1 – OFT:
Obst und stärkefreies Gemüse, zubereitet mit gesunden Fetten und Ölen

Die gesunde Low-Carb-Ernährung am Beispiel dieser Lebensmittel-Pyramide, wie sie für die LOGI-Methode entwickelt wurde.
Entnommen aus »Low-Carb für Diabetiker«, erschienen im systemed Verlag

SELTEN

OFT

ERNÄHRUNG NACH DER LOW-CARB-METHODE

Ein praktisches Hilfsmittel für die Ernährungsumstellung und die Auswahl der Lebensmittel ist die Low-Carb-Pyramide. Sie teilt die Nahrungsmittel nach ihrer Wirkung auf den Blutzucker- und Insulinspiegel ein und gibt dadurch eine Anleitung, in welchem Verhältnis diese Lebensmittelgruppen in der Ernährung auftreten sollten. So sehen Sie auf einen Blick, was auf Ihrem Speiseplan in großen, kleineren und eher ganz geringen Mengen enthalten sein sollte.

Stufe 1
Die Basis der Low-Carb-Ernährung: Gemüse, Obst, gesunde Fette und Öle

Die Basis der Low-Carb-Ernährung bilden Gemüse, Pilze, Salate und zuckerarmes Obst, da diese eine geringe Wirkung auf den Blutzucker haben. Ideal sind drei oder mehr Portionen Gemüse und Salat täglich – wobei darauf geachtet werden sollte, dass das Gemüse stärkearm ist.

Stärkereiche Gemüsesorten wie Süßkartoffeln, Mais oder Pastinaken sollten aufgrund ihres Kohlenhydratgehalts nicht allzu oft auf Ihrem Speiseplan stehen.

Zusätzlich dazu können Sie zwei Portionen Obst pro Tag zu sich nehmen – hier vor allem zuckerarme Früchte wie Beeren, Äpfel, Birnen, Papaya, Kiwis und Melonen. Obstsorten mit einem hohen Fruchtzuckergehalt, wie Bananen, Weintrauben, Feigen oder Ananas, sollten Sie nur in Maßen genießen.

Zur Basis gehören außerdem gesunde und hochwertige Fette und Öle wie Olivenöl, Rapsöl, Walnussöl, Leinöl und Butter. Diese liefern nicht nur wichtige Nährstoffe wie essenzielle Fettsäuren, sondern wirken auch als wichtige Träger der fettlöslichen Vitamine. Außerdem tragen sie zur Sättigung und vor allem zum guten Geschmack einer Mahlzeit bei.

Stufe 2
Eiweißhaltige Lebensmittel

Die Lebensmittel der Stufe 1 sollten Sie täglich durch eiweißhaltige Nahrungsmittel ergänzen, da auch diese eine geringe Blutzuckerwirkung haben und lange sättigen. Fleisch, Fisch, Eier, Milch- und Milchprodukte, Hülsenfrüchte und Nüsse sollten ungefähr ein Drittel Ihrer täglichen Nahrungszufuhr ausmachen. Wenn Sie Ihren Körper ausreichend mit Eiweiß versorgen, verhindert dies auch, dass er bei einer Gewichtsabnahme Muskelmasse abbaut – was besonders dann wichtig ist, wenn Sie an Übergewicht oder Diabetes leiden.

Stufe 3
Kohlenhydratreiche
Lebensmittel in Maßen

Kohlenhydratreiche Lebensmittel wie Vollkornbrot oder -brötchen, Grau- und Mischbrot, Vollkorn- oder Hartweizennudeln, Reis, Kartoffeln und stärkereiches Gemüse wie Süßkartoffeln, Mais oder Pastinaken sollten maßvoll, jedoch nicht in großen Mengen und nicht zu häufig verzehrt werden. Diese Lebensmittel sind zwar reich an Ballaststoffen und sättigen daher gut, doch die Kohlenhydrate wirken sich, wie Sie ja wissen, negativ auf den Blutzuckerspiegel aus.

Stufe 4
Weißmehlprodukte, Süßes und
Fast Food besser gar nicht

Möglichst ganz verzichten sollten Sie auf Weißmehlprodukte (Toast, Brötchen, Baguette etc.). Vorsicht ist auch angesagt bei süßen Backwaren (Kuchen, Teilchen etc.) und generell bei Süßigkeiten. Süße Getränke, Fast Food und verarbeitete Lebensmittel, in denen sich oft viel Zucker versteckt, gehören ebenfalls in diese Kategorie. Diese Nahrungsmittel verursachen einen starken Blutzuckeranstieg, lösen dadurch eine entsprechende Insulinreaktion aus und führen zu Hunger auf weitere Kohlenhydrate.

Da bei dieser Form der Low-Carb-Ernährung aber nichts verboten ist, dürfen Sie selbstverständlich auch Nahrungsmittel aus den Stufen 3 und 4 zu sich nehmen – in einem vernünftigen Maß und nicht zu häufig, passen auch diese in Ihren Speiseplan.

LOW CARB IS(S)T GESUND

Die Low-Carb-Ernährung vereint die positiven Stoffwechseleffekte einer Kohlenhydratreduzierung mit einer optimalen Versorgung des Körpers mit allem, was er braucht. Diese ausgewogene, abwechslungsreiche und genussvolle Ernährung bietet gesundheitliche Effekte, die wissenschaftlich erwiesen sind und ist ganz besonders für Menschen mit Diabetes die ideale Ernährungsform, weil diese dadurch ihre Blutzuckerwerte erheblich verbessern und ihre Insulineinheiten reduzieren oder sogar darauf verzichten können.

GESUND, LECKER UND SCHNELL KOCHEN FÜR DIABETIKER

Auf Basis der Low-Carb-Ernährung können Sie sich natürlich und gut ernähren und müssen auf nichts verzichten. Denn anders, als man früher annahm, bedeutet Diabetes nicht, dass Sie nicht weiterhin Freude am Essen und Kochen haben können. Wenn Sie Ihre Ernährung an die Low-Carb-Methode anpassen, tun Sie sich und Ihrem Körper damit etwas Gutes und ernähren sich automatisch ausgewogen.

Dass dies alles andere als langweilig und kompliziert ist, möchte ich Ihnen mit den folgenden Tipps und 60 köstlichen Rezepten zeigen.

DIE RICHTIGE ERNÄHRUNG FÜR DIABETIKER

Mit frischen und gesunden Zutaten ganz in Ruhe und entspannt zuhause kochen – das ist unser Idealbild, wie wir es alle gerne handhaben würden. Und natürlich wäre dies auch bei Diabetes perfekt. Doch die Realität sieht häufig anders aus. Unser Leben ist hektisch, wir essen schnell mal eben etwas zwischendurch, kommen abends gestresst nach Hause und haben dann keinen Elan und keine Lust mehr, noch etwas Aufwendiges zu kochen.

Und dann? Auf dem Nachhauseweg schnell in den Supermarkt hetzen und ein Fertiggericht kaufen oder beim Bäcker ein paar Brötchen. Alternativ schnell im Imbiss vorbeischauen oder was beim Lieferservice bestellen. Oder in den Vorratsschrank sehen, eine Tütensuppe oder fix ein paar Nudeln mit fertiger Soße aus dem Glas kochen oder doch die Tiefkühlpizza in den Ofen schieben. Das geht schnell, ist geschmacklich auch nicht so verkehrt – und ganz bestimmt auch irgendwie in Ordnung, oder?

Leider nicht. Denn genau diese Lebensmittel enthalten ungesunde, künstliche Zusatzstoffe, wenig Nährstoffe, viel Stärke und vor allem – auch wenn uns das oft nicht bewusst ist – reichlich Zucker. Also genau die Dinge, die alles andere als gesund und gerade für Diabetiker sogar gesundheitsgefährdend sind. Denn sofort steigt der Blutzuckerspiegel, was die Bauchspeicheldrüse anregt, Insulin zu produzieren, damit die aufgenommenen Kohlenhydrate verstoffwechselt werden können. Danach senkt die Insulinwirkung den Blutzuckerspiegel wieder, was aber die bekannten Nebenwirkungen hat, da Insulin die Fettverbrennung hemmt und die Fetteinlagerungen fördert. Nicht nur das, der schwankende Blutzuckerspiegel nach kohlenhydratreicher Nahrung führt auch dazu, dass die Sättigung nicht lange anhält, man schnell wieder Hunger und häufig sogar die gefürchteten Heißhungerattacken verspürt.

Dagegen hilft nur eines: Eine ausgewogene Low-Carb-Ernährung, die den Blutzucker- und Insulinspiegel in Balance hält und ganz nebenbei auch noch die Fettverbrennung ankurbelt.

SELBST KOCHEN OHNE STRESS

Auch wenn Sie nicht viel Zeit haben und es oft schnell gehen muss, können Sie köstliche Low-Carb-Gerichte auf den Tisch zaubern, die gesund, ausgewogen und sehr schmackhaft sind. Denn viele der folgenden Rezepte stehen in weniger als einer halben Stunde auf dem Tisch. Zudem sind sie leicht nachzukochen und auch für ungeübte Köche problemlos zuzubereiten. Manche der Gerichte, wie die Aufläufe, brauchen ein wenig länger, da sie noch im Ofen garen müssen, doch auch hier ist die reine Zubereitungszeit entsprechend kurz. Und während das Essen gemütlich im Ofen schmort, können Sie sich natürlich anderen Dingen widmen.

Ich gebe Ihnen im Folgenden einige hilfreiche Tipps, wie Sie die ohnehin schon schnelle Küche noch einfacher gestalten können. Und ich kann Ihnen jetzt schon eines verraten: Gesund und lecker zu kochen, geht schneller und einfacher als Sie glauben und ist ungemein befriedigend. Denn die Zeit, die Sie beim Kochen verbringen, entschleunigt ungemein und befreit vom Stress des hektischen Alltags. Die frisch zubereitete Mahlzeit ist so viel köstlicher als das dröge Convenience Food und verleiht Ihnen einen viel höheren Genuss und natürlich versorgt sie Sie mit den idealen Nährstoffen.

Wenn Sie sich dann noch zum Essen Zeit nehmen, was ich Ihnen auf jeden Fall rate, ist Ihre Mahlzeit perfekt. Essen Sie ganz bewusst in einer ruhigen Umgebung – nicht vor dem Fernseher, am Schreibtisch oder mal eben schnell im Vorbeigehen. Setzen Sie sich an den Tisch, gerne mit Ihren Liebsten, genießen Sie die entspannte Atmosphäre und konzentrieren Sie sich auf Ihre Speisen. Essen Sie langsam und achtsam, genießen Sie den Geruch und den Geschmack Ihrer Mahlzeit – Sie werden feststellen, dass das Essen dann gleich noch besser schmeckt!

DIE BESTEN TIPPS FÜR DIE SCHNELLE LOW-CARB-KÜCHE

Die schnelle Küche fängt schon mit der Bevorratung an. Legen Sie sich daher am besten einen Grundvorrat an Low-Carb-Lebensmitteln zu, auf den Sie immer zugreifen können:

———

Im Gefrierschrank sollte Gemüse wie Erbsen und Brokkoli liegen, nicht verkehrt ist es auch, dort ein wenig Fleisch und Fisch einzufrieren. Außerdem sind Tiefkühl-Kräuter zu empfehlen, damit diese zum einen immer zur Hand sind und zum anderen das Waschen und Kleinschneiden entfällt.

———

Der Kühlschrank sollte grundsätzlich Eier, Milch, Butter und die Milchprodukte enthalten, die Sie gerne verwenden, auch etwas Speck ist nicht verkehrt.

———

Etwas frisches Gemüse und Obst im Haus zu haben, empfiehlt sich auf jeden Fall. So können Sie zwischendurch einfach mal eine Möhre oder einen Apfel essen und müssen nicht zu ungesunden Snacks greifen.

———

Vor allem die Grundzutaten wie Öle, Gewürze, Zwiebeln, Knoblauch, Nüsse, Hülsenfrüchte, Johannisbrotkernmehl und Erythrit sollten in Ihrem Vorratsschrank stehen.

Auch Konserven wie Kidneybohnen oder Kichererbsen in der Dose, Spargel im Glas, Oliven in Lake oder getrocknete Tomaten ergänzen Ihre Vorräte ideal.

———

Wenn Sie diese Zutaten im Haus haben, können Sie sich jederzeit eine schnelle und einfache Mahlzeit zubereiten, beispielsweise ein leckeres Gemüseomelett, ein Rührei mit knusprigem Speck oder eine fixe Brokkolisuppe. So tappen Sie, auch wenn Sie gerade nicht frisch eingekauft haben, nicht in die Kohlenhydratfalle.

———

Zeit sparen Sie auch, wenn Sie kochfertiges Tiefkühlgemüse wie Möhren oder Erbsen verwenden. So sparen Sie sich das Waschen und Schnippeln, da das Gemüse bereits verarbeitet ist.

Auch TK-Gemüsemischungen sind geeignet. Achten Sie bei diesen aber darauf, dass es reine Gemüsemischungen und keine Zubereitungen sind, da sich in diesen schon wieder Zusätze verstecken können.

———

Auch gehackte oder gehobelte statt ganze Nüsse sind besonders gut geeignet, wenn es schnell gehen soll.

———

Einige Lebensmittel können Sie bereits geschnitten oder küchenfertig kaufen. Speckwürfel gibt es beim Metzger beispielsweise in dieser Form, sodass Sie den Speck nicht selbst schneiden müssen. Auch Fleisch können Sie bei Ihrem Metzger nach Ihren Bedürfnissen vorbereiten lassen und es beispielsweise entsehnen, schnetzeln oder in Scheiben schneiden lassen.

DIE BESTEN TIPPS FÜR DEN EINKAUF

Erstellen Sie im Voraus für jede Woche einen Essensplan, bei dem Sie alle Mahlzeiten des Tages berücksichtigen – nicht nur das Mittagessen. Zum einen sparen Sie dadurch die tägliche Planungszeit und Überlegungen, was Sie denn kochen könnten. Zum anderen können Sie so für die ganze Woche einen Einkaufszettel erstellen.

Machen Sie einmal wöchentlich einen Großeinkauf, bei dem Sie alles für Ihren Essensplan einkaufen. Das spart viel mehr Zeit als tägliches »Schnell-mal-in-den-Supermarkt-springen«.

Gliedern Sie Ihren Einkaufszettel nach der räumlichen Abfolge in Ihrem Supermarkt. So sind Sie mit Ihrem Einkauf viel schneller fertig, weil Sie nicht hin und her laufen müssen.

Gehen Sie niemals mit Hunger einkaufen. Sie werden wahrscheinlich wesentlich mehr kaufen, als Sie eigentlich vorhatten.

Falls es kein wirklich frisches Gemüse gibt, entscheiden Sie sich für hochqualitative Tiefkühl-Ware. Diese hat im Zweifel mehr Nährstoffe als überlagertes Frischgemüse. Am Besten ist jedoch: Jahreszeitengerecht frisch einkaufen.

Frische Lebensmittel können Sie sich mittlerweile problemlos liefern lassen. Vor allem viele Biohöfe bieten sogenannte Biokisten an, in denen Gemüse und Obst aus der Region zu Ihnen nach Hause gebracht wird. Die meisten Hofläden haben ihr Angebot sogar dahingehend erweitert, dass man mit der Lieferung der Kiste auch weitere Produkte beziehen kann – so werden dann auch Milch, Eier, Fleisch etc. direkt ins Haus gebracht. Das ist praktisch, spart Zeit und garantiert, dass Sie saisonale und regionale Produkte in Bioqualität erhalten.

Achten Sie beim Einkauf von Wurzelgemüse darauf, dass dieses nicht so stark mit Erde verschmutzt ist. Das erspart Ihnen längere Reinigungszeiten.

Kaufen Sie Biogemüse und -obst, denn dann müssen Sie viele Sorten nur waschen und nicht schälen. Möhren, Zucchini, Salatgurken und Co. in Bioqualität können Sie bedenkenlos mit Schale verzehren.

Gewöhnen Sie sich an, nur das einzukaufen, was auf Ihrem Einkaufszettel steht und vermeiden Sie so, mal eben rechts und links ins Süßigkeitenregal zu greifen. Wenn Sie die ungewollten und ungesunden Lebensmittel gar nicht erst im Haus haben, geraten Sie auch nicht in Versuchung.

PRAKTISCHE KÜCHEN- UND KOCHTIPPS, DAMIT ES NOCH SCHNELLER GEHT

Kochutensilien wie Töpfe, Schneidebretter und Messer sollten einen festen Aufbewahrungsplatz in der Küche haben, denn so ersparen Sie sich unnötiges Suchen.

Sinnvoll ist es auch, die Utensilien, die Sie häufig benötigen, wie z. B. Brettchen und Messer, in der Nähe des Kochfeldes aufzubewahren, weil Sie dann schneller darauf zugreifen können.

Auch häufig verwendete Gewürze sollten in der Nähe des Kochbereichs aufbewahrt werden, beispielsweise in einem Gewürzregal direkt über dem Herd, da dies unnötige Handgriffe erspart.

Zum Schälen von Gemüse eignet sich ein Gemüsehobel ideal, weil Sie damit wesentlich schneller als mit einem Messer arbeiten können.

Benutzen Sie immer die Kochplatte, die zur Größe des verwendeten Topfes oder der Pfanne passt, denn so wird das Gargut zum einen schneller warm, zum anderen vermeiden Sie unnötigen Energieverlust.

Verwenden Sie beim Kochen so wenige Kochutensilien wie nötig, da Sie dann weniger spülen müssen und schneller fertig sind. In einer Pfanne, in der Sie beispielsweise Nüsse geröstet haben, können Sie anschließend problemlos die weiteren Zutaten für Ihr Rezept garen.

Kochen Sie Wasser, das Sie beispielsweise zum Blanchieren von Gemüse benötigten, im Wasserkocher, da dies die Kochzeit erheblich verkürzt.

Viele Gerichte können Sie mit einem Stabmixer zubereiten, dies gilt vor allem dann, wenn Sie etwas pürieren müssen. Verwenden Sie diesen statt eines Standmixers oder der Küchenmaschine, weil Sie dann nur den Mixeraufsatz statt eines kompletten Geräts reinigen müssen.

Nutzen Sie die Zeit zwischen den Arbeitsschritten bei der Zubereitung eines Gerichts sinnvoll. Während ein Teil der Mahlzeit gart, können Sie z. B. weitere benötigte Zutaten vorbereiten oder bereits aufräumen und die Kochutensilien spülen. So sparen Sie sich auch den ungeliebten »Riesenabwasch« nach dem Essen.

Dressings für Salate sowie Gewürzpasten können Sie in größeren Mengen vorbereiten und im Kühlschrank einige Tage lang lagern. So müssen Sie diese nicht jedes Mal frisch zubereiten.

Bei der Verarbeitung von frischen Kräutern und auch Frühlingszwiebeln empfiehlt es sich, immer direkt den ganzen Bund zu waschen und zu zerkleinern. Die nicht benötigten Reste frieren Sie dann einfach in kleinen Töpfchen oder Eiswürfelbehältern ein – sie müssen beim nächsten Mal noch nicht einmal vor dem Kochvorgang aufgetaut werden, sondern können direkt verarbeitet werden.

Haben Sie eine Brühe gekocht und sie nicht aufgebraucht, können Sie diese in Eiswürfelbehältern einfrieren und so portionsweise einsetzen.

Kochen Sie auf Vorrat. Viele fertig zubereitete Gerichte lassen sich problemlos einfrieren, daher empfiehlt es sich, diese gleich in zwei- oder dreifacher Menge zuzubereiten und dann portionsweise einzufrieren. So haben Sie, wenn es einmal besonders schnell gehen muss, schnell etwas Gesundes und Leckeres auf den Tisch gezaubert.

Bereiten Sie sich Snacks für die Arbeit im Voraus zu und planen diese nicht für morgens ein. Denn in der Hektik eines Wochenmorgens bleibt meist keine Zeit, und dann verfällt man schnell doch wieder in den Trott, mal eben beim Bäcker ein belegtes Brötchen oder Teilchen zu kaufen oder im Imbiss vorbeizuschauen.

Wenn es morgens bei Ihnen generell schnell gehen muss, bereiten Sie Ihr Frühstück am bestens abends vor. Muffins bäckt man beispielsweise am besten vor, auch das Brot oder die Brötchen aus diesem Buch sind abends schnell gemacht. Und auch hier gilt wieder: einfrieren möglich. Frisch gebackenes Brot können Sie sogar in Scheiben einfrieren, die Sie abends aus dem Gefrierschrank holen. So haben Sie immer für den Morgen vorgesorgt.

LEGEN SIE LOS!

Nun steht Ihrer neuen, gesunden und leckeren Ernährung nichts mehr im Wege! Mit der folgenden Auswahl von Low-Carb-Rezepten, die den Anforderungen von Diabetikern entsprechen, können Sie in Ihr neues und genussreiches Leben starten. Ich wünsche Ihnen dabei viel Freude und einen guten Appetit!

REZEPTE

FRÜHSTÜCK

Mandel-Joghurt-Smoothie

Für 2 Personen

Zubereitungszeit:
10 Minuten

Zutaten

· 200 g frische Pfirsiche
· 100 g gemahlene Mandeln
· 100 ml Kokosmilch
· 300 g Joghurt, 3,5 % Fett
· 1 TL Honig
· 2 Strohhalme
· 1 EL Mandeln, grob gehackt

01 Die Pfirsiche waschen und entkernen. In ein hohes Mixgefäß geben.

02 Die Mandeln mit der Kokosmilch, dem Joghurt und dem Honig zufügen und dann alles zusammen mit einem Stabmixer pürieren.

03 Den fertigen Smoothie in Gläser füllen und die grob gehackten Mandeln darauf verteilen.

04 Mit einem Strohhalm servieren.

TIPP: Wenn Sie den Smoothie in ein verschließbares Glas geben, lässt er sich auch wunderbar mit zur Arbeit nehmen und dort genießen.

Nährwerte pro Person: 605 kcal, 20,6 g Eiweiß, 46 g Fett, 23,3 g Kohlenhydrate, 1,9 BE

Pancake-Rollen

Für 2 Personen
(ergibt 4 Pancakes)

Zubereitungszeit:
20 Minuten

Zutaten

· 2 Eier (Größe L)
· 200 ml Milch, 3,5 % Fett
· 50 g Mandelmehl
· 2 EL Haferkleie
· 1 Prise Salz
· 20 g Butter
· ½ Apfel
· 1 EL Rapsöl
· 100 g Speisequark, 20 % Fett
· Zimt und Vanillepulver nach
  Geschmack

01 Eier, Milch, Mandelmehl, Haferkleie und Salz zu einer glatten Masse verrühren.

02 Die Butter in einer heißen Pfanne schmelzen lassen und die Pfannkuchen darin von jeder Seite ca. 2–3 Minuten goldbraun backen.

03 Den Apfel schälen und in dünne Spalten schneiden. In einer weiteren Pfanne die Apfelspalten ca. 1–2 Minuten in Rapsöl anbraten und mit Quark, Zimt und Vanillepulver mischen.

04 Die gebackenen Pfannkuchen mit der Apfelmasse füllen, einrollen und servieren.

TIPP: Sie haben gerade keine Äpfel zu Hause? Kein Problem, auch Birnen eignen sich gut für dieses Gericht, und Sie müssen nicht noch mal extra los und einkaufen gehen.

Nährwerte pro Person: 456 kcal, 32,2 g Eiweiß, 27,2 g Fett, 17,5 g Kohlenhydrate, 1,4 BE

Feldsalat-Omelett

Für 2 Personen

Zubereitungszeit:
15 Minuten

Zutaten

· 2 Schalotten
· 1 gelbe Paprikaschote
· ¼ Bund frischer Schnittlauch
· 80 g Parmaschinken
  (ca. 4 Scheiben)
· 100 g Feldsalat
· 6 Eier (Größe M)
· 1 TL Butter
· Salz und Pfeffer nach
  Geschmack

01 Zunächst die Schalotten schälen und in feine Würfel schneiden. Die Paprika halbieren, die Kerne und die weißen Häute entfernen, waschen und ebenfalls in kleine Würfel schneiden. Den Schnittlauch waschen, trocken schütteln und in Röllchen schneiden. Den Parmaschinken in dünne Streifen schneiden. Den Feldsalat verlesen, mehrfach gründlich waschen und trocken schütteln.

02 Pro Portion drei Eier in einem Glas aufschlagen, jeweils die Hälfte des Schnittlauchs zugeben und alles mit einer Gabel verquirlen.

03 In einer beschichteten Pfanne für das erste Omelett die Hälfte der Butter erwärmen, die Eiermasse hineingeben und bei mittlerer Temperatur leicht stocken lassen. Dann die Hälfte der Schalotten- und Paprikawürfel und des Schinkens zugeben und alles zusammen weitere 2–3 Minuten fertig garen.

04 Anschließend das Omelett mit der Hälfte des Feldsalats belegen, in der Pfanne zusammenrollen und auf einem Teller oder Holzbrett anrichten.

05 Mit dem zweiten Omelett ebenso verfahren.

06 Die Omeletts mit Salz und Pfeffer würzen und sofort servieren.

Nährwerte pro Person: 391 kcal, 31,6 g Eiweiß, 26 g Fett, 6,5 g Kohlenhydrate, 0,5 BE

Kürbis-Quark-Brot herzhaft belegt

Brotzutaten für 1 Kastenform
(ergibt ca. 20 Scheiben Brot =
10 Portionen)
Belag für 2 Personen

Zubereitungszeit:
15 Minuten

Backzeit:
50–60 Minuten

Zutaten

Für das Brot
· 250 g Kürbis
  (z. B. Muskatkürbis)
· 5 Eier (Größe L)
· 100 g Haferkleie
· 500 g Speisequark (20 % Fett)
· 75 g Eiweißpulver (neutral)
· 100 g gemahlene Mandeln
· 1 Päckchen Backpulver
· 1 TL Salz
· 50 g Kürbiskerne

Für den Belag
· 50 g Frischkäse (20 % Fett)
· 1 Avocado
· 20 g Cranberrys, ungesüßt
· 1 TL Sesam
· 1 TL Kürbiskerne

01 Den Backofen auf 180 °C (Umluft) vorheizen.

02 Den Kürbis schälen, entkernen und das Fruchtfleisch in etwa 2 cm große Würfel schneiden. Die Kürbiswürfel in einem Topf mit kochendem Wasser 4–5 Minuten kochen. Anschließend abgießen und in einem hohen Gefäß mit einem Pürierstab fein pürieren.

03 Die Kürbismasse in einer großen Schüssel mit den übrigen Brotzutaten, außer den Kürbiskernen, zu einem Teig verkneten.

04 Eine Kastenform mit Backpapier auslegen und den Teig hineingeben. Abschließend die Kürbiskerne auf das Kürbisbrot geben und leicht andrücken.

05 Das Brot im vorgeheizten Backofen auf mittlerer Schiene ca. 50 Minuten backen.

06 Zum Servieren pro Person jeweils 2 Scheiben Brot mit Frischkäse bestreichen.

07 Die Avocado schälen, vom Kern befreien und in Scheiben schneiden. Das Brot abwechselnd mit Avocado, Cranberrys, Sesam und Kürbiskernen belegen.

TIPP: In der Gefriertruhe oder in geeigneten TK-Fächern kann das Brot, in Gefrierbeuteln verpackt, bis zu einigen Wochen gelagert werden. Wird das Brot in Scheiben geschnitten eingefroren, ist auch ein kurzfristiges Auftauen einzelner Scheiben im Toaster möglich.

Nährwerte pro Person: 456 kcal, 27,4 g Eiweiß, 27 g Fett, 21,5 g Kohlenhydrate, 1,8 BE

Schokomuffins mit Johannisbeeren

Für 2 Personen

Zubereitungszeit:
20 Minuten

Backzeit:
20–25 Minuten

Zutaten

· 250 g Speisequark, 20 % Fett
· 180 g frische Johannisbeeren
· 1 TL Eiweißpulver (Vanille)
· 2 EL Backkakao
· ½ TL Johannisbrotkernmehl
· 1 Ei (Größe L)
· 1 Prise Salz
· 1 TL Birnendicksaft
· 1 Eiweiß (von 1 Ei Größe L)
· 1 EL gemahlene Mandeln
· ½ TL Erythrit-Puderzucker
· 1 Zweig Minze

01 Den Backofen auf 180 °C (Umluft) vorheizen.

02 Den Quark in ein Geschirrtuch geben und vorsichtig auspressen.

03 Einige Rispen der Johannisbeeren zur Dekoration beiseite stellen. Die restlichen Johannisbeeren von den Rispen zupfen und in einem Sieb waschen, dann gut abtropfen lassen.

04 Das Eiweißpulver mit dem Backkakao und dem Johannisbrotkernmehl mischen. Das Ei mit Salz und dem Birnendicksaft cremig rühren. Den Quark unterheben und zusammen mit der Eimischung zu einem glatten Teig verrühren.

05 Das Eiweiß sehr steif schlagen. Die Mandeln, den Eischnee und die Johannisbeeren unter den Teig heben.

06 Die Maße gleichmäßig auf 4 Muffinförmchen verteilen.

07 Im Backofen auf der unteren Schiene ca. 20–25 Minuten backen.

08 Anschließend 15 Minuten erkalten lassen.

09 Zum Servieren die Muffins aus den Förmchen lösen, auf Tellern anrichten und mit Erythrit-Puderzucker, restlichen Johannisbeeren und Minze garnieren und servieren.

TIPP: Erythrit-Puderzucker kann man ganz leicht selbst herstellen, indem man Erythrit in einem Mixer zu Staub mixt.

Nährwerte pro Person: 314 kcal, 27,5 g Eiweiß, 14,6 g Fett, 12 g Kohlenhydrate, 0,9 BE

Chia-Brötchen

Ergibt 8–10 Frühstücksbrötchen
(= 5 Portionen)

Zubereitungszeit:
10 Minuten

Backzeit:
20–30 Minuten

Zutaten

· 60 g Chiasamen
· 60 g Leinsamen
· 10 g Sesam
· 1 EL Sonnenblumenkerne
· 300 g Speisequark, 20 % Fett
· 2 Eier (Größe L)
· 1 Prise Meersalz

01 Den Backofen auf 180 °C (Umluft) vorheizen.

02 In einer Schüssel Chiasamen, Leinsamen, Sesam, Sonnenblumenkerne, Quark, Eier und Salz verrühren.

03 Anschließend die Masse 5–10 Minuten quellen lassen.

04 Die Teigmasse zu acht bis zehn Kugeln formen und auf ein Backblech mit Backpapier verteilen.

05 Die Frühstücksbrötchen im vorgeheizten Backofen 20–30 Minuten backen.

Die Brötchen sind eine ideale Abwechslung für das Frühstück und können nach Belieben belegt werden, z. B. mit Butter, Frühlingszwiebeln und Radieschen.

TIPP: Streuen Sie für eine weitere Variante etwas Parmesan über die fast fertig gebackenen Brötchen und überbacken Sie diese kurz damit.

Nährwerte pro Person: 234 kcal, 16,2 g Eiweiß, 15,3 g Fett, 4,2 g Kohlenhydrate, 0,1 BE

SUPPEN

Garnelensuppe

Für 4 Personen

Zubereitungszeit:
20 Minuten

Zutaten

· 30 g Ingwer
· 1 rote Chilischote
· 2 Limettenblätter
· ½ Bund Koriandergrün
  (ca. 10 g)
· 1 unbehandelte Limette
· 750 ml Gemüsebrühe
· 200 ml Kokosmilch
· 300 g Garnelen, küchenfertig
· ½ TL Curry
· Salz
· Pfeffer aus der Mühle

01 Den Ingwer schälen und in dünne Scheiben schneiden. Die Chilischote waschen, schräg in dünne Ringe schneiden, die Kerne dabei entfernen. Die Limettenblätter seitlich mehrmals einschneiden, damit sie mehr Aroma abgeben. Das Koriandergrün abbrausen und samt Stängel klein hacken. Die Limette heiß waschen, 1 TL Schale abreiben und den Saft auspressen.

02 Die Brühe mit Ingwer und Limettenblättern aufkochen. Nach 10 Minuten durch ein Sieb geben und erneut aufkochen. Kokosmilch und Chili zugeben und weitere 5 Minuten sanft köcheln lassen.

03 Die Garnelen waschen. Mit 1 TL Limettensaft würzen und mit Curry, Salz und Pfeffer abschmecken.

04 Die Garnelen in die Kokosbrühe geben und in ca. 4–5 Minuten darin gar ziehen lassen. Mit Limettensaft abschmecken.

05 Die Suppe in Teller oder Schalen füllen.

06 Koriandergrün mit Limettenabrieb mischen und die Suppe damit garnieren. Wenn gewünscht, auch noch etwas rote Chilischote auf jeden Teller geben.

TIPP: Limettenblätter (vor allem von der Kaffir-Limette) verströmen einen angenehmen, limettenartigen Duft. Der Geschmack ist dagegen eher krautig und kaum säuerlich. Limettenblätter sind, ähnlich wie Lemon Myrtle, ein Gewürz für die Nase, weniger zum Schmecken. Man kocht sie im Ganzen mit, wobei mehrfaches Einschneiden dafür sorgt, dass mehr Aromen freigesetzt werden.

Nährwerte pro Person: 205 kcal, 14,9 g Eiweiß, 13,8 g Fett, 4,8 g Kohlenhydrate, 0,3 BE

Asiatische Suppe

Für 4 Personen

Zubereitungszeit:
20 Minuten

Zutaten

· 40 g Ingwer
· 100 ml Kokosmilch
· 750 ml Hühnerbrühe
· 1 Päckchen Shirataki-Nudeln
  (200 g)
· 1 Bund Frühlingszwiebeln
· 2 Knoblauchzehen
· 2 rote Chilischoten
· 200 g Rinderfilet
· 2 EL Kokosöl
· 1 EL Limettensaft
· 2 TL glutenfreie Sojasauce
· ¼ Bund Koriander
· ¼ Bund Minze

01 Den Ingwer schälen und in dünne Scheiben hobeln. Die Kokosmilch und Brühe mit dem Ingwer aufkochen und zugedeckt etwa 15 Minuten köcheln lassen. Bis zur Verwendung ziehen lassen, erst dann abseihen.

02 Die (vorgegarten) Shirataki-Nudeln in ein Sieb geben und mehrmals gründlich spülen, um den zunächst etwas »fischigen« Geruch zu entfernen. Anschließend in Salzwasser 1 Minute kochen und wieder abgießen.

03 Die Frühlingszwiebeln putzen, das Weiße hacken, das Dunkelgrüne in dünne Ringe schneiden. Den Knoblauch schälen und fein hacken. Die Chilischoten längs halbieren, entkernen, waschen und in feine Ringe schneiden. Das Rinderfilet in feine Scheiben schneiden.

04 In einer Pfanne das Kokosöl erhitzen und darin das Fleisch bei mittlerer Hitze 2 Minuten anbraten, ohne dass es Farbe nimmt. Die gehackten (weißen) Frühlingszwiebelwürfel, Knoblauch und Chili zugeben, 1 Minute mit braten und mit der abgeseihten Kokosbrühe ablöschen.

05 Die Suppe nochmals aufwallen lassen, die Shirataki-Nudeln zugeben und 2–3 Minuten darin köcheln lassen. Die grünen Frühlingszwiebelringe zugeben und alles mit Limettensaft und Sojasauce verfeinern.

06 In vier Suppenschüsseln anrichten und mit dem Koriander und der Minze bestreut servieren. Wenn gewünscht, mit Limettenvierteln und Chilischoten garnieren.

TIPP: Shirataki-Nudeln werden aus dem Mehl der asiatischen Konjakwurzel hergestellt. Sie enthalten kaum Kalorien und so gut wie keine Kohlenhydrate. Man kauft sie eingeschweißt in Folie in Wasser. Der leicht fischige Geruch wird durch gründliches Spülen und kurzes Kochen entfernt.

Nährwerte pro Person: 215 kcal, 12,1 g Eiweiß, 15 g Fett, 7,1 g Kohlenhydrate, 0,5 BE

Rote Bete Suppe

Für 4 Personen

Zubereitungszeit:
12 Minuten

Zutaten

· 30 g rote Zwiebeln
· 400 g gegarte Rote Bete
· 1 unbehandelte Limette
· 20 g Kokosöl
· 500 ml Gemüsebrühe
· 200 g stückige Tomaten (Dose)
· 200 ml Sahne
· 1 TL Leinsamenmehl (5 g)
· Salz
· grüner Pfeffer aus der Mühle
· 80 g Fetakäse
· 1 Handvoll Gartenkresse

01 Die Zwiebeln schälen und fein würfeln. Die Rote Bete grob würfeln. Die Limette heiß waschen und trocken reiben, 1 TL Schale abreiben, ca. 1 TL Saft auspressen.

02 Die Zwiebeln im Kokosöl glasig anschwitzen und mit der Brühe ablöschen. Das Ganze aufkochen, Rote Bete und Tomaten zugeben und 5 Minuten köcheln lassen.

03 Die Suppe mit einem Stabmixer fein pürieren, dann ¾ der Sahne zugeben und heiß werden lassen. Zum Binden das Leinsamenmehl einrühren. Mit etwas Limettensaft, dem Limettenabrieb, Salz und Pfeffer würzen. Nochmals fein pürieren.

04 Den Fetakäse in Würfel schneiden.

05 Zum Servieren die Suppe auf Schüsseln verteilen, die restliche Sahne darauf geben und die Fetakäse-Würfel zusammen mit der Kresse darüber streuen.

TIPP: Ziehen Sie beim Verarbeiten der Roten Bete unbedingt Handschuhe an, da diese stark abfärbt.

Nährwerte pro Person: 340 kcal, 7,1 g Eiweiß, 28 g Fett, 12,9 g Kohlenhydrate, 1 BE

Spinatsüppchen

Für 4 Personen

Zubereitungszeit:
15 Minuten

Zutaten

· 1 Bund Frühlingszwiebeln
· 1 Knoblauchzehe
· 1 EL Olivenöl
· 500 g frischer gehackter Spinat
· 500 ml Gemüsebrühe
· 200 ml Sahne
· 1 TL Leinsamenmehl
· 50 g Parmesan, gerieben
· Salz
· schwarzer Pfeffer aus der Mühle
· Muskatnuss
· Cayennepfeffer

01 Die Frühlingszwiebeln putzen und in Ringe schneiden. Den Knoblauch schälen und hacken. Beides im Öl kurz anschwitzen.

02 Den Spinat zugeben, kurz unterrühren und mit der Brühe ablöschen. Aufkochen und ca. 2–3 Minuten köcheln lassen.

03 2/3 der Sahne zugeben und in der Suppe erhitzen.

04 Das Leinsamenmehl mit einem Stabmixer einrühren und die Suppe fein pürieren.

05 Den Parmesan unterrühren. Die Suppe mit Salz, Pfeffer, Muskatnuss und Cayennepfeffer pikant würzen.

06 Zum Servieren die Suppe in Schalen füllen und mit der restlichen Sahne garnieren.

Nährwerte pro Person: 298 kcal, 9,5 g Eiweiß, 25 g Fett, 6,4 g Kohlenhydrate, 0,5 BE

TIPP: Zu jeglichen Cremesuppen passen **Parmesan-Cracker**

12 bis 16 Stück

Zubereitungszeit:
10 Minuten

Zutaten

· 40 g Parmesan
· 1 TL Kräuter
  (z. B. Rosmarin, gehackt)
· ½ TL Chiliflakes

01 Den Ofen auf 200 °C (Ober-/Unterhitze) vorheizen.

02 Den Parmesan fein hobeln, mit Kräutern und Chiliflakes locker mischen.

03 Ein Backblech mit Backpapier auslegen. Die Käsemischung in gleichmäßig kleinen Häufchen auf dem Backblech verteilen.

04 Im vorgeheizten Ofen ca. 6 Minuten backen, bis der Käse geschmolzen und goldfarben, keinesfalls braun ist.

05 Herausnehmen und vollständig auskühlen lassen.

Nährwerte pro Stück (bei 12 Crackern): 13 kcal, 1 g Eiweiß, 1 g Fett, 0 g Kohlenhydrate, 0 BE

Brokkolisuppe

Für 4 Personen

Zubereitungszeit:
10 Minuten

Zutaten

· 400 g Brokkoli (geputzt 350 g)
· 1 Bund Frühlingszwiebeln
· 1 Knoblauchzehe
· 1 EL Olivenöl
· 500 ml Gemüsebrühe
· 100 ml Sahne
· ½ TL Zitronensaft
· Kräutersalz
· schwarzer Pfeffer aus der Mühle
· Cayennepfeffer

01 Den Brokkoli waschen und putzen. Die Stiele schälen, alles Holzige dabei entfernen, dann in ½ cm dicke Scheiben schneiden, die Röschen gleichmäßig groß schneiden. Die Frühlingszwiebeln putzen. Das Weiße in schmale Ringe schneiden, das Grüne aufheben für anderweitige Verwendung. Den Knoblauch schälen und hacken.

02 Zwiebelweiß und Knoblauch in 1 EL Öl anschwitzen. Den Brokkoli zugeben, mit der Brühe ablöschen, aufkochen und zugedeckt bei mittlerer Hitze ca. 8 Minuten gar köcheln.

03 Dann mit dem Stabmixer fein pürieren.

04 Die Sahne zugeben und nochmals durchmixen.

05 Mit etwas Zitronensaft, Kräutersalz, Pfeffer und ein wenig Cayennepfeffer abschmecken.

06 In vier Schalen füllen und servieren.

TIPP: Das Frühlingszwiebelgrün können Sie für ein anderes Gericht verwenden, Sie können es beispielsweise bei den *Ofenpaprika mit Tofu-Füllung* zusätzlich hinzugeben.

Nährwerte pro Person: 163 kcal, 3,7 g Eiweiß, 13 g Fett, 6,5 g Kohlenhydrate, 0,5 BE

SALATE

Bunter Geflügelsalat

Für 2 Personen

Zubereitungszeit:
15 Minuten

Zutaten

· 250 g Putenschnitzel
· 100 g Champignons
· 1 EL Olivenöl
· 150 g Kirschtomaten
· 1 grüne Paprikaschote
· 2 Kopfsalate (z. B. Römersalat)
· 100 g Joghurt, 3,5 % Fett
· 1 TL Currypulver
· Salz und Pfeffer nach
  Geschmack

01 Die Putenschnitzel waschen, trocken tupfen, in feine Streifen schneiden und mit Salz und Pfeffer würzen. Die Champignons putzen und vierteln.

02 Das Öl in einer Pfanne erhitzen und die Putenstreifen darin von allen Seiten ca. 4–6 Minuten braten, bis sie eine schöne Kruste haben. 1–2 Minuten vor Ende der Bratzeit die Champignons mit braten. Anschließend erkalten lassen.

03 Die Kirschtomaten waschen und halbieren. Die Paprika halbieren. Nach dem Entfernen der Kerne waschen und in feine Würfel schneiden. Den Kopfsalat vom Strunk befreien, waschen und in Blätter teilen.

04 Das Putenfleisch-Champignon-Gemisch mit Joghurt, Tomaten, Blattsalat und Paprikawürfeln vermengen und mit Currypulver, Salz und Pfeffer würzen.

05 Zum Servieren den Geflügelsalat dekorativ auf Tellern anrichten.

TIPP: Probieren Sie diesen Salat auch einmal mit anderen jahreszeitlichen Salatsorten wie beispielsweise Rucola, Endivien- oder Feldsalat.

Nährwerte pro Person: 267 kcal, 36,2 g Eiweiß, 8,8 g Fett, 7,9 g Kohlenhydrate, 0,6 BE

Mediterraner Salat

Für 2 Personen

Zubereitungszeit:
15 Minuten

Zutaten

· 2 rote Zwiebeln
· 1 Salatgurke
· 1 Kopf Lollo Rosso
· 2 Fleischtomaten
· 1 gelbe Paprikaschote
· ½ Bund frische Blattpetersilie
· 50 g grüne Oliven (entsteint)
· 1 EL Aceto balsamico (dunkel)
· 3 EL Olivenöl
· Saft von 1 Zitrone
· Salz und Pfeffer nach
  Geschmack
· 200 g Fetakäse

01 Die Zwiebeln schälen, halbieren und in feine Streifen schneiden. Die Gurke schälen, längs halbieren und in 1 cm dicke Halbmonde schneiden. Den Salat waschen, trocken schütteln und in mundgerechte Stücke zupfen. Die Tomaten waschen, vom Strunk befreien und in grobe Würfel schneiden. Die Paprika halbieren, entkernen, waschen und ebenfalls in grobe Würfel schneiden. Die Petersilie waschen, entstielen und klein zupfen.

02 Die Oliven abtropfen lassen und mit den Zwiebeln, dem Salat, der Gurke, der Paprika und den Tomaten mischen.

03 Den Salat mit Balsamicoessig, 1 EL Olivenöl, Zitronensaft, Salz und Pfeffer marinieren.

04 Den Fetakäse in Würfel schneiden. Die Käsewürfel auf dem Salat anrichten.

05 Den Salat vor dem Servieren mit 2 EL Olivenöl beträufeln.

TIPP: Sehr gut schmecken in diesem Salat auch zusätzliche Pinienkerne. Sehr lecker ist es auch, wenn Sie einige Scheiben Zucchini und Aubergine mit etwas Olivenöl beträufelt im Ofen ca. 15 Minuten rösten und diese zum Salat geben.

Nährwerte pro Person: 555 kcal, 20,5 g Eiweiß, 43,6 g Fett, 15 g Kohlenhydrate, 1,3 BE

Spargelsalat mit Walnuss-Dressing

Für 2 Personen

Zubereitungszeit:
20 Minuten

Zutaten

· 600 g frischer Spargel
· 200 g Feldsalat
· 1 Granatapfel
· 30 g Walnüsse (geröstet,
  ungesalzen)
· 1 EL Walnussöl
· 1 EL Aceto balsamico
· 4 EL Spargelwasser
· Salz und Pfeffer nach
  Geschmack
· ½ Bund Blattpetersilie

01 Den Spargel sorgfältig schälen und von den Enden ca. 2 cm abschneiden. Den Spargel in reichlich kochendes Salzwasser geben und 4–5 Minuten kochen. Vor dem Abschütten etwas Kochwasser für die Marinade entnehmen. Den Spargel abgießen und kurz in kaltem Wasser abschrecken, sodass er noch warm bleibt.

02 Den Feldsalat putzen und gründlich waschen. Den Granatapfel halbieren und die Kerne heraus klopfen, diese zum Feldsalat geben. Die Walnüsse grob hacken oder halbiert zusammen mit dem Feldsalat mischen.

03 Mit dem Walnussöl, Balsamicoessig, Spargelwasser sowie einer Prise Salz und Pfeffer würzen.

04 Den Salat in zwei tiefe Teller geben und den Spargel darauf verteilen.

05 Mit gewaschener, gezupfter Blattpetersilie bestreuen.

TIPP: Außerhalb der Spargelsaison, die von Anfang April bis zum 24. Juni dauert, können Sie anstelle des frischen Spargels auch Tiefkühlspargel oder Spargel aus dem Glas verwenden.

Nährwerte pro Person: 226 kcal, 9,3 g Eiweiß, 11,7 g Fett, 16,6 g Kohlenhydrate, 1,4 BE

Linsensalat

Für 2 Personen

Zubereitungszeit:
25 Minuten

Zutaten

· 50 g rote Linsen (getrocknet)
· 50 g schwarze Linsen
· 500 ml Wasser
· 2 Fleischtomaten
· 1 Zwiebel
· 1 Aubergine
· 2 EL Rapsöl
· ½ Bund Basilikum
· 1 gelbe Paprikaschote
· 2 EL Aceto balsamico (dunkel)
· ½ TL Honig
· Salz und Pfeffer nach
  Geschmack

01 Die Linsen waschen und in ½ Liter kochendem Wasser zugedeckt bei geringer Hitze 15–18 Minuten garen. Anschließend das restliche Wasser abgießen, die Linsen abtropfen und abkühlen lassen.

02 In der Zwischenzeit die Tomaten waschen, vom Strunk befreien und fein würfeln. Die Zwiebel schälen und ebenfalls fein würfeln. Die Aubergine vom Strunk befreien und in kleine Würfel schneiden.

03 In einer Pfanne mit 1 EL Öl für 2–3 Minuten anbraten.

04 Den Basilikum waschen, trocken schütteln und fein hacken. Die Paprika halbieren, von Strunk und Kernen befreien, waschen und in feine Würfelchen schneiden.

05 Für die Vinaigrette den Balsamicoessig mit 1 EL Rapsöl, Honig, Zwiebelwürfeln, Basilikum, Salz und Pfeffer in einem hohen Gefäß mit einem Stabmixer pürieren.

06 Die Linsen mit den Tomaten, den Auberginen und der Paprika in einer Schüssel mischen, die Vinaigrette darüber geben und ggf. mit Salz und Pfeffer nachwürzen.

07 Den Linsensalat in Schalen anrichten.

Nährwerte pro Person: 399 kcal, 16,1 g Eiweiß , 16,6 g Fett, 39,6 g Kohlenhydrate, 3,3 BE

Zucchinispaghetti-Salat mit Garnelen

Für 2 Personen

Zubereitungszeit:
20 Minuten

Zutaten

Für das Dressing
· 2 EL Aceto balsamico (hell)
· 3 EL Olivenöl
· 1 TL Senf
· 2 g Oregano, getrocknet
· Salz und Pfeffer nach
  Geschmack

Für den Salat
· 300 g Zucchini
· 2 EL Rapsöl
· 150 g Riesengarnelen (servier-
  fertig, z. B. Eismeerkrabben)
· Salz und Pfeffer nach
  Geschmack
· 1 Zitrone (bio)

01 Balsamicoessig, Öl, Senf, Oregano sowie Salz und Pfeffer zu einem Dressing verrühren.

02 Die Zucchini nach Entfernen der Enden waschen und mit einem Gemüsehobel in Spaghetti ähnliche Streifen hobeln, alternativ mit einem Spiralschneider verarbeiten. Die Zucchini in 1 EL Öl 1–2 Minuten andünsten.

03 Anschließend mit dem Dressing verrühren und 5 Minuten marinieren lassen.

04 In Zwischenzeit die Garnelen mit Salz und Pfeffer würzen und in einer heißen Pfanne mit dem restlichen Öl 1–2 Minuten anbraten.

05 Die Zitrone in Scheiben schneiden.

06 Zum Servieren den Salat dekorativ auf Tellern drapieren, die Garnelen darauf verteilen und die Zitronen anlegen.

Nährwerte pro Person: 322 kcal, 15,5 g Eiweiß, 26,3 g Fett, 5,2 g Kohlenhydrate, 0,4 BE

Roter Matjessalat

Für 2 Personen

Zubereitungszeit:
15 Minuten

Zutaten

· 400 g Rote Bete gekocht
· 1¼ EL Aceto balsamico
· 1 EL Johannisbeergelee
· Pfeffer, frisch gemahlen
· 2 Knoblauchzehen
· 1 EL Öl
· 4 Matjesfilets
· ½ rote Zwiebel
· 2 Essiggurken
· ½ EL Fenchelsamen
· ½ Bund Dill
· 50 g Vollmilchjoghurt
· Meersalz

01 Die Rote Bete (mit Küchenhandschuhen arbeiten) in Würfel schneiden.

02 Essig, Gelee und Pfeffer verrühren und die Rote Bete mit der Essigmischung marinieren.

03 Den Knoblauch schälen. Das Öl in einer Pfanne erhitzen und den Knoblauch im Ganzen darin bei schwacher Hitze 5 Minuten braten. Herausnehmen und abkühlen lassen.

04 Die Matjesfilets kalt abspülen, trocken tupfen und in 1 cm dicke Streifen schneiden.

05 Die rote Zwiebel schälen und in dünne Ringe schneiden. Die Gurken in Würfel schneiden.

06 Den abgekühlten Knoblauch fein hacken. Fenchelsamen in einem Mörser grob zerstoßen. Dill abspülen, trocken schütteln und die Hälfte davon fein hacken. Den Rest eventuell etwas kleiner zupfen und beiseitestellen.

07 Den Joghurt mit dem Knoblauch, den Fenchelsamen und dem gehackten Dill verrühren und alles mit Salz würzen.

08 Matjes mit allen Zutaten vermengen, auf Tellern anrichten und mit dem restlichen Dill bestreuen.

Nährwerte pro Person: 595 kcal, 28,7 g Eiweiß, 40,2 g Fett, 27 g Kohlenhydrate, 2,2 BE

Quinoa-Salat mit Cranberrys

Für 2 Personen

Zubereitungszeit:
25 Minuten

Zutaten

· 120 g Quinoa
· 250 ml Wasser
· 1 Apfel (z. B. Granny Smith)
· 1 Aubergine
· 3 EL Olivenöl
· ½ TL Salz
· Pfeffer aus der Mühle
· 30 g Walnüsse
· 50 g Cranberrys, ungesüßt
· 1 Bund Koriander
· ½ Zitrone

01 Den Quinoa waschen und mit 250 ml Wasser in einen Kochtopf geben und zum Kochen bringen. Für ca. 15 Minuten bei geringer Hitze garen. Das Wasser sollte am Ende »verschwunden« sein. Den gegarten Quinoa in eine große Schüssel geben und zur Seite stellen.

02 Den Apfel in kleine Stücke schneiden. Die Aubergine ebenfalls klein schneiden.

03 In einer heißen Pfanne mit Öl die Auberginen 4–5 Minuten anbraten. Dabei das Gemüse häufig umrühren. Das Gemüse salzen und pfeffern und nochmals alles gut umrühren. Das fertige Gemüse zu dem Quinoa geben und etwas abkühlen lassen.

04 Die Walnüsse und die Cranberrys grob hacken. Den Koriander fein hacken. Nun die Apfelstücke, die Cranberrys und die Walnüsse sowie den Koriander zu der Quinoa-Gemüsemischung geben.

05 Den Saft einer halben Zitrone darüber träufeln und alles gut miteinander vermischen. Je nach Geschmack kann man noch etwas mehr Zitronensaft dazugeben.

06 Zum Servieren den Salat in Schalen anrichten.

Nährwerte pro Person: 615 kcal, 11 g Eiweiß, 29,5 g Fett, 72 g Kohlenhydrate, 6 BE

VEGGIES

Portobello-Burger

Für 2 Personen

Zubereitungszeit:
25 Minuten

Zutaten

Für Patties und Buns:
· 150 g Lachs
· 1 Zweig Koriander
· 1 Ei (Größe L)
· Saft von ½ Limette
· 10 g Kokosmehl
· Salz, Pfeffer
· 1 EL Kokosöl
· 4 Portobello-Champignons

Für die Garnitur:
· 1 Zwiebel
· 1 EL Rapsöl
· Salz
· 40 g Spinat- oder Salatblätter
· 1 Handvoll Sprossen

01 Den Lachs zuerst in feine Streifen, dann in feine Würfel schneiden. Die Korianderblätter abzupfen und fein schneiden.

02 Anschließend Lachs, Ei, Limettensaft, Kokosmehl und Koriander miteinander vermischen. Mit Salz und Pfeffer würzen. Wenn der Teig zu fest wird, etwas Wasser zugeben, bis sich die Masse leicht formen lässt. Alternativ kann die Lachsmischung auch im Mixer fein püriert werden. Daraufhin vier Lachs-Patties formen.

03 Das Kokosöl in einer Pfanne erhitzen und die Lachs-Patties von beiden Seiten anbräunen. So lange bei kleiner Hitze weiter braten, bis sie durch sind und fest zusammenhalten.

04 Die Portobello-Champignons waschen, putzen und die Stiele entfernen.

05 In einer flachen Pfanne eine halbe Tasse Wasser erhitzen und die Portobello-Champignons so lange dünsten, bis sie leicht zusammenschrumpfen. Dazu die Champignons am besten mit der Oberseite nach unten in die Pfanne geben.

06 Für die Garnitur die Zwiebel schälen und in Streifen schneiden, in einer Pfanne mit dem Rapsöl 2–3 Minuten anbraten, dann leicht salzen. Die Spinat- oder Salatblätter waschen und trocken schütteln.

07 Für den Burger jeweils ein Viertel der Zwiebeln und ein Lachs-Patty auf einen Portobello-Pilz legen. Diesen anschließend mit Spinat- bzw. Salatblättern belegen. Zum Schluss noch den zweiten Portobello-Pilz und einige Sprossen obenauf legen und das Ganze servieren.

INFO: Der Portobello-Pilz ist im Grunde ein ziemlich groß geratener Champignon. Portobello-Pilze werden häufig gefüllt. Sie lassen sich aber auch gut als »Burgerbrötchen« verwenden, da sie bis zu zehn Zentimeter Durchmesser erreichen können. Selbstverständlich kann man sie auch in anderen Gerichten anstelle von Champignons verwenden.

Nährwerte pro Person: 336 kcal, 26,5 g Eiweiß, 22,1 g Fett, 5,2 g Kohlenhydrate, 0,3 BE

Spitzkohlauflauf

Für 2 Personen

Zubereitungszeit:
10 Minuten

Garzeit:
15 Minuten

Zutaten

· 200 g Aubergine
· 300 g Spitzkohl
· 100 g Blauschimmelkäse
· 100 g Tomaten, getrocknet, in Öl
· 40 g grüne Oliven, entsteint
· 1 EL Olivenöl
· Salz und Pfeffer nach Geschmack
· 100 g Schmand, 20 % Fett
· 100 ml Milch, 1,5 % Fett
· 1 Schale frische Kresse
· Kümmel, gemahlen

01 Die Aubergine waschen und nach Entfernen der Enden in ca. 1 cm dicke Scheiben schneiden. Den Kohl halbieren, vom Strunk befreien, in feine Streifen hobeln und diese anschließend waschen.

02 Den Backofen auf 160 °C (Umluft) vorheizen.

03 Den Blauschimmelkäse ebenfalls in 1 cm dicke Scheiben zerteilen. Die Tomaten in einem Sieb abtropfen lassen und in feine Streifen schneiden. Die Oliven ebenfalls abtropfen lassen und vierteln.

04 Eine Auflaufform mit Olivenöl einfetten. Die Auberginenscheiben hineinlegen und mit Salz und Pfeffer würzen. Blauschimmelkäse, Tomatenstreifen und Oliven darauf verteilen. Abschließend mit den Kohlstreifen bedecken.

05 Schmand und Milch mischen. Die Kresse mit einer Schere vom Nährboden abschneiden und hinzufügen. Mit Kümmel, Salz und Pfeffer würzen. Die Schmandmasse auf das geschichtete Gemüse verteilen und im Ofen auf mittlerer Schiene ca. 15 Minuten backen.

06 Den Auflauf in der Form servieren.

TIPP: Um dem Auflauf eine fruchtige Note zu verleihen, können Sie anstelle der Oliven auch frische Pfirsiche verwenden.

Nährwerte pro Person: 580 kcal, 21,2 g Eiweiß, 42,8 g Fett, 23,4 g Kohlenhydrate, 1 BE

Ofenpaprika mit Tofu-Füllung

Für 2 Personen

Zubereitungszeit:
10 Minuten

Garzeit:
15 Minuten

Zutaten

· 2 Paprikaschoten (ca. 500 g)
· 1 Zwiebel
· 2 Knoblauchzehen
· 1 Bund Frühlingszwiebeln
· 50 g grüne Oliven (entsteint,
  in Wasser)
· 100 g Kirschtomaten
· 150 g Tofu
· 100 g Tomatenmark
· 1 Ei (Größe M)
· 50 g Sesam
· Salz, Pfeffer, Cayennepfeffer
  nach Geschmack
· 150 g Mozzarella
· ¼ Bund Basilikum

01 Den Backofen auf 180 °C (Umluft) vorheizen.

02 Die Paprikaschoten waschen, halbieren und Kerngehäuse entfernen. Die Zwiebel und den Knoblauch schälen und in feine Würfel schneiden. Die Frühlingszwiebeln waschen, putzen und in Röllchen schneiden. Die Oliven abtropfen lassen und vierteln. Die Kirschtomaten waschen und halbieren.

03 Den Tofu zerbröseln und mit Zwiebel- und Knoblauchwürfeln, Frühlingszwiebeln, Oliven, Tomaten, Tomatenmark, Ei und Sesam zur einer Masse vermischen. Mit Salz, Pfeffer und Cayennepfeffer würzen.

04 Die Masse gleichmäßig in die Paprika füllen und andrücken. Die gefüllten Schoten in eine kleine Auflaufform geben.

05 Den Mozzarella in dünne Scheiben schneiden und auf die gefüllten Paprikaschoten legen.

06 Die Paprikaschoten im Backofen auf mittlerer Schiene ca. 15 Minuten backen und in der Auflaufform servieren, mit Basilikumblättern dekorieren.

TIPP: Wenn Sie die Paprikafüllung bissfester haben möchten, aber kein Fleisch verwenden wollen, können Sie den Tofu durch Seitan ersetzen.

Nährwerte pro Person: 640 kcal, 38,3 g Eiweiß, 39,7 g Fett, 25,3 g Kohlenhydrate, 2,1 BE

Zucchiniquiche

Für 2 Personen

Zubereitungszeit:
25 Minuten

Zutaten

· 250 g Zucchini
· 1 rote Zwiebel
· 2 Knoblauchzehen
· 100 g Kirschtomaten
· 4 Eier (Größe L)
· 150 ml Milch, 3,5 % Fett
· Salz und Pfeffer aus der Mühle
· Muskatnuss nach Geschmack
· 1 EL Tomatenmark
· 2 EL Olivenöl
· 100 g Fetakäse

01 Den Backofen auf 180 °C (Umluft) vorheizen

02 Die Zucchini in dünne Scheiben schneiden. Die Zwiebel und den Knoblauch schälen und in feine Würfel schneiden. Die Kirschtomaten waschen und halbieren.

03 Die Eier mit Milch, Salz, Pfeffer, Muskat und Tomatenmark verquirlen.

04 Das Olivenöl in einer beschichteten Pfanne erhitzen und darin die Zwiebel zusammen mit dem Knoblauch und den Zucchinischeiben ca. 2–3 Minuten anbraten. Die Tomaten und die Eimasse dazugeben und alles verrühren.

05 Anschließend die Quiche in eine feuerfeste Form füllen, abdecken und bei 180 °C Umluft ca. 6–8 Minuten stocken lassen.

06 Zwischenzeitlich den Fetakäse zerbröseln. Die Quiche mit dem Fetakäse bestreuen und weitere 2–3 Minuten backen lassen.

TIPP: Anstelle von Fetakäse können Sie auch körnigen Ziegenfrischkäse oder zerbröckelten Blauschimmelkäse verwenden.

Nährwerte pro Person: 496 kcal, 28,2 g Eiweiß, 36,7 g Fett, 11,7 g Kohlenhydrate, 1 BE

Barbecue-Bohnen

Für 2 Personen

Zubereitungszeit:
20 Minuten

Zutaten

· 1 Dose Baked Beans
  (ca. 250 g Abtropfgewicht)
· 1 EL Tamarindenmark
  (Reformhaus)
· 100 ml Wasser
· 2 Zwiebeln
· 2 Knoblauchzehen
· 1 Stück frischer Ingwer,
  walnussgroß
· 1 frische Chilischote
· 4 EL Chiliöl
· 2 EL Koriander, gemahlen
· 2 EL Kreuzkümmel, gemahlen
· 200 g stückige Tomaten (Dose)
· 1 TL brauner Zucker
· Salz und Pfeffer nach
  Geschmack
· 1 TL Chat Masala (erhältlich
  in orientalischen Lebensmittel-
  geschäften)

01 Die Baked Beans in ein Sieb geben und mit kaltem Wasser abspülen, danach abtropfen lassen. Das Tamarindenmark mit 100 ml kochendem Wasser übergießen und 15 Minuten ziehen lassen.

02 Inzwischen die Zwiebeln und den Knoblauch schälen und fein würfeln. Den Ingwer ebenfalls schälen und fein reiben. Die Chilischote waschen, Kerngehäuse entfernen, entstielen und fein würfeln.

03 Das Chiliöl in einer Pfanne (oder im Wok) erhitzen und darin die Zwiebeln ca. 1–2 Minuten anbraten. Knoblauch, Ingwer und Chilischote dazugeben und weitere 2 Minuten mit braten. Koriander und Kreuzkümmel darüberstreuen, die stückigen Tomaten dazugeben und unterrühren.

04 Das Tamarindenmark zusammen mit der Flüssigkeit mit dem Löffel durch ein feines Sieb streichen und direkt in die Pfanne/den Wok geben. Mit braunem Zucker, Salz und Pfeffer würzen.

05 Ohne Deckel ca. 10–15 Minuten einkochen lassen, dabei ständig umrühren. Die Baked Beans dazugeben und bei kleiner Hitze noch etwa 5 Minuten ziehen lassen. Das Chat Masala unter die Bohnen rühren und alles servieren.

TIPP: Chat Masala ist eine indische Gewürzmischung. Alternativ dazu können Sie auch Currypaste verwenden. In Asien ist Tamarindenpaste eine Speisezutat wie bei uns Zitronensaft. Sie können diesen auch stattdessen verwenden.

Nährwerte pro Person: 342 kcal, 7,9 g Eiweiß, 20,7 g Fett, 30 g Kohlenhydrate, 2,5 BE

Brokkoli-Muffins

Für 2 Personen
(ergibt 6 Muffins)

Zubereitungszeit:
25 Minuten

Zutaten

· 100 g Schichtkäse, 10 % Fett
· 1 Zwiebel
· 500 g Brokkoli
· 80 g Parmesan am Stück
· 80 g Kokosflocken
· ½ Bund frische Blattpetersilie
· 100 g Ricotta
· 50 ml saure Sahne
· 2 Eier (Größe L)
· Salz und Pfeffer nach
  Geschmack
· 6 Muffinförmchen aus Silikon

01 Den Schichtkäse in ein Sieb geben und über einer Schüssel gut abtropfen lassen.

02 Inzwischen die Zwiebel schälen, halbieren und fein würfeln. Den Brokkoli putzen und die Mittelstiele herausschneiden und in kleine Röschen teilen. Die Brokkoliröschen für etwa 15 Sekunden in kochendes Salzwasser tauchen (blanchieren). Anschließend in einem Sieb gut abtropfen lassen und leicht auspressen.

03 Den Backofen auf 160 °C (Umluft) vorheizen.

04 Den Parmesan fein reiben. Die Kokosflocken in einer Pfanne ohne Fett goldbraun rösten. Die Petersilie waschen, trocken schütteln, entstielen und fein hacken.

05 Den Ricotta in einer Schüssel mit dem Handrührgerät cremig schlagen. Den abgetropften Schichtkäse, die saure Sahne und die Eier unterrühren. Mit Salz und Pfeffer würzen. Brokkoli, Zwiebelwürfel, Parmesan, Kokosflocken und Petersilie unter die Ricotta-Creme rühren. Die Masse auf die Muffinförmchen verteilen und im Backofen auf mittlerer Schiene 15 Minuten goldbraun backen. Anschließend herausnehmen.

06 Zum Servieren die Muffins aus den Förmchen nehmen und auf Tellern anrichten.

TIPP: Wer keine Muffinförmchen aus Silikon hat, kann auch ein Muffinblech verwenden und dieses mit Papiermanschetten auslegen.

Nährwerte pro Person: 250 kcal, 13,6 g Eiweiß, 18,8 g Fett, 5,2 g Kohlenhydrate, 0,4 BE

Süßkartoffel-Pfanne

Für 2 Personen

Zubereitungszeit:
25 Minuten

Zutaten

· 200 g Kräuterseitlinge
· 1 Bund Frühlingszwiebeln
· 3 Thymianzweige
· 3 EL Olivenöl
· 200 g Süßkartoffeln
· 1 EL Aceto balsamico (hell)
· grobes Meersalz und Pfeffer
  nach Geschmack

01 Die Kräuterseitlinge kurz waschen und in Würfel schneiden. Die Frühlingszwiebeln waschen, vom Wurzelwerk befreien und in feine Röllchen schneiden. Die Thymianzweige abzupfen.

02 2 EL Öl in einer Pfanne erhitzen und die Kräuterseitlinge darin ca. 2–3 Minuten scharf anbraten. Frühlingszwiebeln und Thymian dazugeben und weitere 1–2 Minuten mit anbraten.

03 Währenddessen die Süßkartoffeln schälen und in 1 cm dicke Würfel schneiden. Die Süßkartoffeln nun ebenfalls in die Pfanne geben und weitere 4–5 Minuten mit braten.

04 Mit Balsamicoessig, dem restlichen Olivenöl, Salz und Pfeffer würzen.

INFO: Kräuterseitlinge sind reine Zuchtpilze. Sie enthalten deshalb keine Schwermetalle oder radioaktive Stoffe. Viele Züchter setzen jedoch leider Fungizide und Insektizide ein, um den Nährboden, auf dem die Kräuterseitlinge wachsen, keimfrei zu halten. Greifen Sie daher besser zu Kräuterseitlingen aus Bio-Aufzucht.

TIPP: Anstelle der Kräuterseitlinge lässt sich das Gericht auch mit Champignons oder Egerlingen zubereiten.

Nährwerte pro Person: 329 kcal, 7,7 g Eiweiß, 16,3 g Fett, 32,2 g Kohlenhydrate, 2,7 BE

Zucchinirösti mit Dill-Zitronendip

Für 2 Personen

Zubereitungszeit:
20 Minuten

Zutaten

Für den Dip:
· ¼ Bund frischer Dill
· 200 g Joghurt, 1,5 % Fett
· 2 EL Hanföl
· 1 Knoblauchzehe
· Saft von ½ Zitrone
· Salz nach Geschmack

Für die Rösti:
· 350 g Zucchini
· ½ TL Salz
· 2 Frühlingzwiebeln
· 50 g Hartkäse, z. B. Parmesan
· 2 Eier (Größe M)
· 1 EL Sojamehl, entfettet
· Salz und Pfeffer nach
  Geschmack
· 2 EL Olivenöl

Dekoration:
· ½ Tomate
· ein Paar Blätter Salat

01 Für den Dip den Dill waschen, trocken schütteln und fein hacken. Mit dem Joghurt und dem Hanföl glatt rühren. Den Knoblauch schälen, fein würfeln und untermischen. Den Dilljoghurt mit Zitronensaft und Salz abschmecken.

02 Für die Zucchinirösti bei den Zucchini die Enden abschneiden und die Zucchini anschließend raspeln. Mit ½ TL Salz mischen und 5 Minuten lang ziehen lassen.

03 Inzwischen die Frühlingszwiebeln putzen, waschen und in feine Ringe schneiden. Den Hartkäse reiben.

04 Die geraspelten Zucchini gut ausdrücken. Danach mit den Frühlingszwiebeln, dem geriebenen Hartkäse, Eiern und Sojamehl verrühren. Mit Salz und Pfeffer würzen.

05 In einer beschichteten Pfanne das Olivenöl erhitzen. Aus jeweils einem gehäuften Esslöffel der Zucchinimasse kleine Puffer formen und in der Pfanne von jeder Seite bei mittlerer Hitze in ca. 3–4 Minuten goldbraun braten.

06 Die Rösti heiß oder kalt zusammen mit dem Zitronenjoghurt und der Dekoration auf Tellern anrichten und servieren.

INFO: Sojamehl ist ein Trockenprodukt, das aus der Sojabohne gewonnen wird und einen hohen Eiweißgehalt besitzt. Unterschieden wird zwischen vollfetten (18 bis 20 % Fett, 38 % Eiweiß) und entfetteten (1 % Fett, 50 % Eiweiß) Mehlen.

Nährwerte pro Person: 475 kcal, 24,8 g Eiweiß, 35 g Fett, 12,6 g Kohlenhydrate, 1 BE

GEFLÜGEL

Asiatische Hähnchen-Pfanne

Für 2 Personen

Zubereitungszeit:
15 Minuten

Zutaten

- 10 g Sesam
- 1 kleines Stück frischer Ingwer
  (ca. 10 g)
- 100 g Wirsing
- 100 g Brokkoli
- ½ rote Paprikaschote
- ½ Möhre
- 250 g Hähnchenbrust
- 2 EL Sojasauce
- 3 EL Rapsöl
- Salz und Pfeffer nach
  Geschmack
- 100 g Sojasprossen

01 Den Sesam in einer Pfanne ohne Fett ca. 2–3 Minuten anrösten.

02 Den Ingwer schälen und in feine Würfel schneiden. Den Wirsing halbieren, vom Strunk befreien und in feine Streifen hobeln. Den Brokkoli in kleinere Röschen teilen und waschen. Die Paprika entkernen, waschen und in Streifen schneiden. Die Möhre schälen und in feine Streifen schneiden. Die Hähnchenbrust waschen, trocken tupfen und in 1 cm dünne Streifen schneiden.

03 Die Sojasauce mit den Ingwerwürfelchen vermischen und die Hähnchenstreifen darin 2–3 Minuten marinieren. 1 EL Öl in einem Wok (alternativ Pfanne) erhitzen und das Fleisch darin ca. 2–3 Minuten von allen Seiten anbraten. Das Fleisch anschließend aus der Pfanne nehmen und beiseitestellen.

04 In derselben Pfanne 2 EL Öl erhitzen und den Wirsing, den Brokkoli, die Paprika und die Möhrenstreifen ca. 5–6 Minuten anbraten. Das Fleisch dazugeben und mit Salz und Pfeffer würzen.

05 Die Sojasprossen waschen, trocken schütteln und dazugeben. Mit Salz und Pfeffer abschmecken und mit dem Sesam bestreut servieren.

Nährwerte pro Person: 376 kcal, 37,6 g Eiweiß, 19,8 g Fett, 8,9 g Kohlenhydrate, 0,7 BE

Knuspriges Putenschnitzel mit Dill-Gurken-Salat

Für 2 Personen

Zubereitungszeit:
15 Minuten

Zutaten

· 300 g Putenschnitzel (2 Stück)
· Salz und Pfeffer nach Geschmack
· 1 Salatgurke
· 50 g saure Sahne (Sauerrahm)
· 1 EL Weinessig
· 3 EL Olivenöl
· 1 Bund frischer Dill
· 50 g Haselnüsse, gemahlen
· 30 g Kokosraspel
· 1 EL Rosmarin, getrocknet
· 1 Ei (Größe M)

01 Die Putenschnitzel waschen, trocken tupfen und von beiden Seiten mit Salz und Pfeffer würzen.

02 Die Gurke schälen, in Scheiben hobeln und anschließend mit saurer Sahne, Salz, Pfeffer, Essig und 1 EL Öl marinieren. Den Dill waschen, trocken schütteln, von den Stielen befreien, fein hacken und unter den Gurkensalat mischen.

03 Die Haselnüsse mit den Kokosraspeln und dem Rosmarin in einem tiefen Teller vermischen. Das Ei in einem zweiten tiefen Teller aufschlagen und verquirlen.

04 Die Putenschnitzel zuerst in dem Ei und dann in der Haselnuss-Kokos-Mischung wenden. Die Panade anschließend leicht andrücken. 2 EL Olivenöl in einer beschichteten Pfanne erhitzen. Das Fleisch bei geringer Hitze etwa 4–5 Minuten goldbraun braten.

05 Die Putenschnitzel zusammen mit dem Dill-Gurken-Salat servieren.

TIPP: Vermischen Sie die Gurkenscheiben 5–10 Minuten vor dem Marinieren mit ½ TL Salz, damit die Flüssigkeit entweicht und das Dressing nicht verwässert wird. Die Gurkenflüssigkeit dann vor dem Marinieren abgießen.

Nährwerte pro Person: 665 kcal, 46,3 g Eiweiß, 49,4 g Fett, 6,9 g Kohlenhydrate, 0,6 BE

Geflügelklöße mit Salsa

Für 2 Personen

Zubereitungszeit:
20 Minuten

Zutaten

Für die Geflügelklöße
· 200 g Putenschnitzel
· 1 Zwiebel
· 30 g Parmesan, am Stück
· 1 Ei (Größe M)
· 25 g Sesam
· 1–2 g Basilikum, getrocknet
· ½ TL Paprikapulver, edelsüß
· Salz und Pfeffer nach
  Geschmack
· 1 EL Rapsöl

Für die Salsa
· ½ rote Paprikaschote
· 1 Tomate
· 1 kleine Zwiebel
· 2 EL Olivenöl
· 1 TL Speisestärke
· 2 EL kaltes Wasser
· 2 EL Honig
· Saft von 1 Limette
· 2 Spritzer Tabasco
· Salz und Pfeffer nach
  Geschmack
· Korianderblätter zur Dekoration

Geflügelklöße
01 Die Putenschnitzel waschen, trocken tupfen, in möglichst feine Würfel schneiden und in eine Schüssel geben. Die Zwiebel schälen und ebenfalls würfeln. Den Parmesan fein hobeln.

02 Die Putenfleischwürfel mit Zwiebeln, Parmesan, Ei, Sesam und Basilikum vermengen. Mit Paprika, Salz und Pfeffer würzen. Die Geflügelmasse anschließend zu esslöffelgroßen Klößen formen.

03 Das Rapsöl in einer Pfanne erhitzen und das Fleisch darin von jeder Seite ca. 5–6 Minuten braten.

Salsa
01 Die Paprika und die Tomate waschen und in kleine Würfel schneiden. Die Zwiebel schälen und in kleine Würfel schneiden.

02 Das Öl in einer beschichteten Pfanne erhitzen. Paprika, Tomaten und Zwiebel darin etwa 2 Minuten scharf anbraten. Die Pfanne von der Wärmequelle nehmen.

03 Die Speisestärke im Wasser lösen und zum gegarten Gemüse geben. Anschließend noch einmal kurz aufkochen lassen.

04 Mit Honig, Limettensaft, Tabasco, Salz und Pfeffer abschmecken und mit dem Koriander bestreut servieren.

TIPP: Mit 1 Msp. gemahlenem Koriander bekommt die Salsa eine orientalische Note.

Nährwerte pro Person: 520 kcal, 35,7 g Eiweiß, 29,9 g Fett, 24,9 g Kohlenhydrate, 2,1 BE

Gefüllte Hähnchenbrust

Für 2 Personen

Zubereitungszeit:
20 Minuten

Zutaten

Für das Hähnchen:
· 350 g Hähnchenbrust
  (2 Stück)
· Salz und Pfeffer nach
  Geschmack
· 200 g Spinat
· 1 Knoblauchzehe
· 100 g Ricotta
· 1 Ei (Größe L)
· Salz und Pfeffer nach
  Geschmack
· 4 Zahnstocher
· 3 EL Olivenöl

Für den Dip:
· 50 g Fetakäse
· 2 EL Crème fraîche
· Saft einer ½ Zitrone
· 100 g Magerquark
· 125 ml Milch, 1,5 % Fett
· Salz und Pfeffer nach
  Geschmack
· Kräuter, Kirschtomaten und
  Limette zur Dekoration

01 Die Hähnchenbrüste waschen und trocken tupfen. Mit einem spitzen Messer eine Tasche in die Brüste schneiden. Die Hähnchenbrüste von außen mit Salz und Pfeffer würzen.

02 Für die Füllung den Spinat waschen, vom Strunk befreien, die großen Stiele entfernen und die Blätter danach in feine Streifen schneiden.

03 Den Knoblauch schälen, fein hacken und zusammen mit dem Ricotta und dem Ei in einer Schüssel verrühren. Den Spinat dazugeben, vermischen und mit Salz und Pfeffer würzen.

04 Die Brüste mit der Masse füllen und mit Zahnstochern verschließen.

05 Das Öl in einer Pfanne erhitzen und die gefüllten Brüste ca. 6–8 Minuten von jeder Seite darin braten.

06 Für den Dip den Feta grob zerbröckeln. Feta, Crème fraîche, Zitronensaft, Quark und Milch mit einem Stabmixer pürieren und mit Salz und Pfeffer abschmecken.

07 Die Hähnchen vor dem Servieren von den Zahnstochern befreien und zusammen mit dem Quarkdip und der Dekoration auf Tellern anrichten.

TIPP: Anstelle von Fetakäse können Sie auch körnigen Ziegenfrischkäse oder zerbröckelten Blauschimmelkäse verwenden.

Nährwerte pro Person: 665 kcal, 65 g Eiweiß, 39,5 g Fett, 10,5 g Kohlenhydrate, 0,9 BE

Entenbrust mit Kohlgemüse

Für 2 Personen

Zubereitungszeit:
20 Minuten

Zutaten

· 400 g Entenbrust (2 Stück)
· Salz und Pfeffer
· 2 EL Olivenöl
· 300 g Weißkohl
· 4 Schalotten
· Salz, Pfeffer und Muskatnuss
  nach Geschmack
· 100 g Frischkäse
  (Doppelrahmstufe)

Zur Dekoration
· 2 EL pürierte Pflaumen
  (ohne Zucker)
· 1 Frühlingszwiebel, schräg
  in Streifen geschnitten

01 Die Entenbrust waschen und trocken tupfen. Die Entenbrust von beiden Seiten mit Salz und Pfeffer würzen.

02 1 EL Öl in einer beschichteten Pfanne erhitzen und die Entenbrust darin ca. 5–6 Minuten von allen Seiten anbraten.

03 In der Zwischenzeit den Kohl waschen, vom Strunk befreien und in feine Streifen schneiden. Die Schalotten schälen, halbieren und ebenfalls in feine Streifen schneiden.

04 In einer weiteren Pfanne 1 EL Öl erhitzen und die Kohl- und Schalottenstreifen darin ca. 2–3 Minuten anbraten. Mit Salz, Pfeffer und Muskat würzen. Anschließend den Frischkäse dazugeben und das Ganze in etwa 1–2 Minuten fertig garen.

05 Die Entenbrust vor dem Servieren schräg anschneiden und zusammen mit dem Kohlgemüse, den pürierten Pflaumen und ein paar Streifen Frühlingszwiebeln anrichten.

Nährwerte pro Person: 775 kcal, 42,4 g Eiweiß, 61 g Fett, 12,8 g Kohlenhydrate, 1,1 BE

Puten-Brokkoli-Gratin

Für 2 Personen

Zubereitungszeit:
10 Minuten

Garzeit:
15 Minuten

Zutaten

· 500 g Brokkoli (1 Stück)
· 100 g Champignons
· 2 Zwiebeln
· 1 Knoblauchzehe
· 250 g Putenbrustfilet
· 1 TL Butter
· Salz, Pfeffer aus der Mühle,
  Muskatnuss nach Geschmack
· 40 g Emmentaler
· 1 Ei (Größe L)
· 50 ml Sahne
· 100 ml Milch, 1,5 % Fett

01 Den Brokkoli putzen und in kleine Röschen teilen. Anschließend in einem Topf mit Salzwasser 2–3 Minuten blanchieren.

02 Den Backofen auf 180 °C (Umluft) vorheizen.

03 Die Champignons mit einem Küchenkrepp abreiben (putzen) und in Scheiben schneiden. Zwiebeln und Knoblauch schälen, halbieren und in feine Halbmonde schneiden. Das Putenbrustfilet waschen, trocken tupfen und in feine Streifen schneiden.

04 Eine Auflaufform dünn mit Butter ausstreichen. Brokkoli, Champignons, Zwiebeln, Knoblauch und Putenstreifen in die Auflaufform einschichten. Mit Salz, Pfeffer und Muskatnuss würzen.

05 Den Käse fein reiben und zusammen mit dem Ei, der Sahne und der Milch verquirlen. Mit Salz und Pfeffer würzen. Die Masse gleichmäßig in die Auflaufform einfüllen.

06 Das Gratin im Backofen auf mittlerer Schiene ca. 15 Minuten backen.

TIPP: Anstelle der Champignons können Sie auch Austernpilze verwenden.

Nährwerte pro Person: 450 kcal, 50 g Eiweiß, 21,4 g Fett, 10,8 g Kohlenhydrate, 0,1 BE

Hühnerfrikassee mit Spargel und Champignons

Für 2 Personen

Zubereitungszeit:
25 Minuten

Zutaten

· 1 TL Johannisbrotkernmehl
· 15 g weiche Butter
· 200 g weiße Champignons
· 100 g weißer Spargel
· 4 Stiele Estragon
· 300 g Hähnchenbrustfilet
  mit Haut
· 2 Knoblauchzehen
· 3 EL Olivenöl
· 200 ml Geflügelbrühe
· 50 ml Weißwein
· 80 ml Sahne
· 1 Lorbeerblatt
· Salz, Pfeffer
· ½ rote Paprikaschote
· Saft von ½ Zitrone

01 Das Johannisbrotkernmehl und die Butter zu einem Kloß verkneten und kalt stellen.

02 Die Champignons putzen. Den Spargel schälen und die Enden abschneiden. Den Spargel schräg in dünne Scheiben schneiden. Die Blätter vom Estragon zupfen und grob hacken. Die Hähnchenbrustfilets waschen, trocken tupfen und in grobe Stücke schneiden. Den Knoblauch schälen und halbieren.

03 Das Olivenöl in einer Pfanne erhitzen und die Hähnchenstücke mit dem Knoblauch darin anbraten. Die Pilze in die Pfanne geben und kurz mit braten.

04 Alles mit Geflügelbrühe, Weißwein und Sahne auffüllen. Mit dem Lorbeerblatt, Salz und Pfeffer würzen und 10 Minuten bei mittlerer Hitze köcheln lassen.

05 Kurz vor Ende der Garzeit die Johannisbrotkernmehl-Butter mit dem Schneebesen einrühren.

06 Die Paprika waschen, entkernen, in feine Würfel schneiden und zusammen mit dem Spargel zugeben. 3–4 Minuten fertig garen.

07 Vor dem Servieren das Lorbeerblatt entfernen und das Ganze mit Zitronensaft, Salz und Pfeffer abschmecken und mit dem Estragon verfeinern.

Nährwerte pro Person: 645 kcal, 35,8 g Eiweiß, 50,5 g Fett, 5,2 g Kohlenhydrate, 0,4 BE

FLEISCH

Auberginen-Moussaka

Für 2 Personen

Zubereitungszeit:
20 Minuten

Garzeit:
25–30 Minuten

Zutaten

· 300 g Auberginen
· Salz
· 2 grüne Peperoni
· 1 Zwiebel
· 2 Knoblauchzehen
· 3 EL Rapsöl
· 250 g Rinderhackfleisch
· Salz und Pfeffer nach
  Geschmack
· 3 g Basilikum, getrocknet
· 3 g Thymian, getrocknet
· 1 g Oregano, getrocknet
· 2 Tomaten
· 100 g Gouda
· 150 g Joghurt, 1,5 % Fett
· ½ Bund frische Petersilie

01 Die Auberginen entstielen, waschen in etwa 1 cm dicke Scheiben schneiden. Mit etwas Salz bestreuen, etwa 30 Minuten ruhen lassen und anschließend mit einem Küchenpapier abtupfen.

02 Den Backofen auf 180 °C (Umluft) vorheizen.

03 Die Peperoni halbieren, entkernen, vom Strunk befreien, waschen und in etwa 1 cm dicke Streifen schneiden. Zwiebel und Knoblauch schälen und beides fein würfeln.

04 In einer heißen Pfanne mit 2 EL Öl das Hackfleisch zusammen mit den Peperoni, der Zwiebel und dem Knoblauch ca. 5–6 Minuten anbraten. Mit Salz, Pfeffer, Basilikum, Thymian und Oregano würzen.

05 Die Tomaten waschen, den Strunk entfernen und in Scheiben schneiden.

06 Eine Auflaufform mit dem restlichen Öl ausstreichen und die Hälfte der Auberginenscheiben einschichten. Anschließend die Hälfte der Tomatenscheiben auf den Auberginen und darauf die Hälfte des Hackfleisches verteilen. Den Vorgang noch einmal wiederholen.

07 Den Käse fein reiben und mit dem Joghurt verrühren. Die Mischung dann gleichmäßig auf dem Moussaka verteilen.

08 Das Moussaka im Backofen auf mittlerer Schiene ca. 20 Minuten backen.

09 In der Zwischenzeit die Petersilie waschen, trocken schütteln, von den Stielen befreien und fein hacken.

10 Zum Servieren das Moussaka mit reichlich frischer Petersilie bestreuen.

Nährwerte pro Person: 670 kcal, 42,6 g Eiweiß, 49,6 g Fett, 11,6 g Kohlenhydrate, 1 BE

Schnitzelchen mit Gurken-Radieschen-Salat

Für 2 Personen

Zubereitungszeit:
15 Minuten

Zutaten

· 350 g Schweineschnitzel
  (2 Stück, z. B. aus der Ober-
  schale)
· Salz und Pfeffer nach
  Geschmack
· 50 g Leinsamen
· 50 g Mandelmehl
· 1 EL Majoran, getrocknet
· 1 Ei (Größe L)
· 2 EL Olivenöl
· 200 g Salatgurke
· 100 g Radieschen
· 50 g saure Sahne
· 1 EL Aceto balsamico (hell)
· 1 Bund frischer Dill
· einige Zitronenscheiben

01 Die Schnitzel waschen, trocken tupfen und von beiden Seiten mit Salz und Pfeffer würzen.

02 Leinsamen, Mandelmehl und Majoran in einem tiefen Teller vermischen. Das Ei in einem zweiten tiefen Teller aufschlagen und verquirlen. Die Schnitzel zuerst in Ei, dann in der Leinsamen-Mandel-Mischung wenden. Die Panade anschließend leicht andrücken.

03 1 EL Öl in einer beschichteten Pfanne erhitzen und das Fleisch bei geringer Hitze ca. 4–5 Minuten von jeder Seite goldbraun braten.

04 Gurke und Radieschen waschen und fein hobeln und anschließend mit 1 EL Öl, saurer Sahne, Essig, Salz und Pfeffer marinieren. Den Dill waschen, trocken schütteln, fein zupfen und unter den Salat mischen.

05 Die knusprigen Schnitzel zusammen mit dem Gurken-Radieschen-Salat servieren und mit Zitronenscheiben anrichten.

Nährwerte pro Person: 590 kcal, 63,5 g Eiweiß, 31,2 g Fett, 8,5 g Kohlenhydrate, 0,6 BE

Filetpfanne mit Pilzen

Für 2 Personen

Zubereitungszeit:
15 Minuten

Zutaten

· 1 Zwiebel
· 1 Bund frischer Kerbel
· 300 g Champignons
· 4 EL Olivenöl
· 200 ml Gemüsebrühe
· 50 g Schmand
· 100 g Frischkäse, Doppelrahmstufe
· 1 TL Speisestärke
· 4 EL kaltes Wasser
· Muskatnuss, Salz und Pfeffer
  nach Geschmack
· 300 g Rinderfilet

01 Die Zwiebel schälen und in feine Würfel schneiden. Den Kerbel waschen, trocken schütteln und fein hacken. Die Champignons putzen und halbieren.

02 2 EL Öl in einer beschichteten Pfanne erhitzen. Zwiebelwürfel und Pilze darin ca. 2–3 Minuten scharf anbraten. Anschließend mit der Gemüsebrühe ablöschen und den Schmand sowie den Frischkäse dazugeben.

03 Die Speisestärke im Wasser lösen. Die Kräuterrahmchampignons mit Muskat, Salz und Pfeffer würzen. Nun die Speisestärke einrühren und das Ganze kurz aufkochen lassen. Daraufhin den Kerbel dazugeben und weitere 1–2 Minuten fertig kochen.

04 In der Zwischenzeit das Rinderfilet waschen, entsehnen und in feine Streifen schneiden. 2 EL Öl erhitzen und die Rinderfiletstreifen darin in ca. 3–4 Minuten braten. Mit Salz und Pfeffer würzen.

05 Vor dem Servieren die Kräuterrahmpilze mit dem Filet mischen und auf Tellern anrichten.

Nährwerte pro Person: 555 kcal, 40,2 g Eiweiß, 40,5 g Fett, 6,4 g Kohlenhydrate, 0,5 BE

Rinderhüftsteak mit Joghurttomaten

Für 2 Personen

Zubereitungszeit:
25 Minuten

Zutaten

· 400 g Rinderhüftsteak
  (2 Stück)
· Salz, Pfeffer, Paprikapulver
  edelsüß und Kreuzkümmel
  nach Geschmack
· 1 EL Rapsöl
· 300 g Tomaten
· 4 Frühlingszwiebeln
· 1 Zwiebel
· 20 g Joghurt, 1,5 % Fett
· 2 EL Aceto balsamico, hell
· 1 EL Olivenöl
· ½ Bund frischer Petersilie

01 Das Rinderhüftsteak waschen, trocken tupfen und mit Salz, Pfeffer, Paprikapulver und Kreuzkümmel würzen.

02 Das Rapsöl in einer beschichteten Pfanne erhitzen und die Rinderhüftsteaks darin ca. 4–5 Minuten von jeder Seite braten.

03 In der Zwischenzeit die Tomaten waschen, vom Strunk befreien, halbieren und in feine Würfel schneiden. Die Frühlingszwiebeln waschen, die Wurzelenden abschneiden und in feine Würfel schneiden. Die Zwiebel schälen und in feine Würfel schneiden.

04 Für das Dressing Joghurt, Balsamicoessig und Olivenöl miteinander verrühren. Die Petersilie waschen, von den Stielen befreien, fein hacken und unterrühren. Mit Salz und Pfeffer würzen. Das Dressing über die Tomaten, die Frühlingszwiebeln und die Zwiebeln gießen und vermischen.

05 Vor dem Servieren die Steaks gemeinsam mit den Joghurttomaten auf Tellern anrichten.

TIPP: Einen kleinen Frischekick erhält das Gericht, wenn Sie die Steaks mit etwas Zitrone beträufeln.

Nährwerte pro Person: 500 kcal, 52,5 g Eiweiß, 24,3 g Fett, 15 g Kohlenhydrate, 1,2 BE

Überbackener Hackbraten

Für 2 Personen

Zubereitungszeit:
25 Minuten

Zutaten

· 100 g Möhren
· 250 g Rinderhackfleisch
· 1 Ei (Größe L)
· 1 EL mittelscharfer Senf
· Salz und Pfeffer nach
  Geschmack
· ½ Tasse Wasser
· 2 rote Paprikaschoten
· 50 g Emmentaler
· 2 g Rosmarin, getrocknet
· einige Kräuter zur Dekoration

01 Den Backofen auf 160 °C (Umluft) vorheizen.

02 Die Möhren schälen und fein raspeln. Das Hackfleisch mit Ei, Senf und Möhrenraspeln mischen. Mit Salz und Pfeffer würzen.

03 Die Hackmasse in eine kleine, längliche Kastenform geben und diese in eine Auflaufform setzen. Mit einer halben Tasse Wasser angießen. Den Hackbraten im Backofen auf der mittleren Schiene 20 Minuten backen.

04 In Zwischenzeit die Paprika waschen, halbieren, entkernen und in feine Streifen schneiden. Den Emmentaler fein reiben. Mit den Paprikastreifen vermengen und mit Rosmarin, Salz und Pfeffer würzen.

05 10 Minuten vor Ende der Garzeit des Hackbratens die Paprika-Käse-Mischung auf den Hackbraten geben und für die restliche Garzeit mit backen lassen.

06 Den Hackbraten aus dem Ofen nehmen, portionieren und auf Tellern anrichten. Mit Kräutern bestreuen und servieren.

Nährwerte pro Person: 350 kcal, 31,3 g Eiweiß, 21 g Fett, 7,4 g Kohlenhydrate, 0,6 BE

Eintopf mit Speck

Für 2 Personen

Zubereitungszeit:
20 Minuten

Zutaten

· 1 Gemüsezwiebel
· 1 EL Olivenöl
· 1 l Gemüsebrühe
· Salz, Pfefferkörner, Lorbeerblätter nach Geschmack
· 200 g Möhren
· 200 g Knollensellerie
· 1 Stange Lauch
· 100 g Champignons
· 1 Kohlrabi (ca. 100 g)
· schwarzer Pfeffer aus der Mühle
· Muskatnuss nach Geschmack
· 150 g geräucherter Bauchspeck
· ½ TL Majoran, getrocknet

01 Die Zwiebel schälen, halbieren und mit den Schnittflächen nach unten auf einem geölten (1 EL Öl) Stück Alufolie direkt auf der Herdplatte oder in einer Pfanne dunkelbraun anrösten. Die angerösteten Zwiebelhälften in einen großen Topf legen.

02 Mit Gemüsebrühe aufgießen und nach Geschmack Salz, Pfefferkörner und Lorbeerblätter dazugeben.

03 Möhren, Sellerie, Lauch, Champignons und Kohlrabi putzen, waschen und ggf. schälen. Gemüse anschließend in etwa 2 cm große Würfel schneiden und mit in den Topf geben. Die Zutaten im Topf bei schwacher Hitze ca. 15 Minuten garen. Mit Salz, Pfeffer und etwas geriebenem Muskatnuss abschmecken.

04 Den Bauchspeck in sehr kleine Würfel schneiden und ebenfalls zum Eintopf geben. Mit Majoran verfeinern.

TIPP: Wenn Sie möchten, können Sie diesen Eintopf, wie auf dem Foto zu sehen, noch mit weiterem Fleisch verfeinern. Braten Sie dazu 250 g Rindergulasch scharf an und geben dies mit den angerösteten Zwiebeln in den Schmortopf.

Nährwerte pro Person: 494 kcal, 19 g Eiweiß, 36,8 g Fett, 16,8 g Kohlenhydrate, 1,3 BE

Rinderroulade mit Rotkohl und Selleriepüree

Für 2 Personen

Zubereitungszeit:
20 Minuten

Garzeit:
20 Minuten

Zutaten

· 300 g Rinderfilet
· Salz, Pfeffer
· 2 TL Senf (mittelscharf)
· 2 Scheiben Frühstücksspeck
  (à 10 g)
· 40 g Senfgurken (aus dem Glas)
· Holzspieße
· 1 mittelgroße Zwiebel
· 3 EL Rapsöl
· 1 EL Tomatenmark
· 100 ml trockener Rotwein
· 200 ml klare Brühe (Instant)
· 1 Lorbeerblatt
· ½ mittelgroßer Knollensellerie
  (ca. 250 g)
· 40 g Frischkäse, 20 % Fett i. Tr.
· ½ Rotkohl (ca. 400 g)
· 10 g Butter
· Muskatnuss
· 1 TL Johannisbrotkernmehl
· 1 EL Honig

01 Den Backofen auf 180 °C (Umluft) vorheizen.

02 Für die Rouladen das Filet flach klopfen, waschen, trocken tupfen und mit Salz und Pfeffer würzen. Jeweils mit 1 TL Senf bestreichen sowie mit einer Scheibe Frühstücksspeck und einer Senfgurke belegen. Die Rouladen aufrollen und mit Holzspießen feststecken.

03 Die Zwiebel schälen und vierteln. Die restlichen Gurken abtropfen lassen und in kleine Würfel schneiden.

04 Das Öl in einem Schmortopf erhitzen und die Rouladen darin rundherum anbraten. Dann die Zwiebeln zufügen und mit braten. Tomatenmark zugeben und anschwitzen. Das Ganze mit Rotwein und Brühe ablöschen und das Lorbeerblatt hinzufügen. Die Rouladen im vorgeheizten Backofen auf mittlerer Schiene ca. 18–20 Minuten schmoren.

05 Zwischenzeitlich den Sellerie schälen, in grobe Stücke schneiden und in kochendem Salzwasser ca. 5 Minuten garen. Anschließend den Sellerie abgießen, mit einem Stampfer zerkleinern und mit dem Frischkäse mischen. Mit Salz und Pfeffer abschmecken.

06 Den Rotkohl putzen, waschen, vierteln und den Strunk herausschneiden. Die Kohlviertel in grobe Streifen schneiden. Dann die Butter erhitzen und den Kohl darin ca. 5 Minuten dünsten. Mit Salz und Muskat würzen.

07 Die Rouladen nach Ende der Garzeit aus dem Topf nehmen und warm stellen. Das Lorbeerblatt entfernen. Die Sauce aufkochen lassen. Johannisbrotkernmehl mit etwas kaltem Wasser glatt rühren, in die Sauce einrühren und alles zusammen nochmals aufkochen lassen. Mit Honig, Salz und Pfeffer abschmecken.

08 Die Rouladen mit dem Rotkohlgemüse, dem Selleriepüree und der Zwiebelsauce auf Tellern anrichten.

TIPP: Der Zuckergehalt von Senfgurken kann zwischen 1 und 10 g pro 100 g variieren. Achten Sie beim Einkauf darauf, ein Produkt mit möglichst wenig Zucker zu wählen.

Nährwerte pro Person: 610 kcal, 39,8 g Eiweiß, 35,3 g Fett, 20,5 g Kohlenhydrate, 1,7 BE

FISCH

Fischcurry

Für 2 Personen

Zubereitungszeit:
20 Minuten

Zutaten

· 200 g Seelachsfilet,
  küchenfertig
· 100 g Tofu
· 150 g Sojasprossen
· 150 g Chinakohl
  (ca. ½ kleiner Kopf)
· ½ rote und ½ grüne Paprikaschote
· 2 Frühlingszwiebeln
· 40 g Erdnüsse, ohne Schale,
  geröstet, gesalzen
· ½ Bund frischer Koriander
· 2 EL Kokosöl
· 1 TL rote Currypaste
· 200 ml Kokosmilch
· 1 TL Kurkuma
· Salz, Pfeffer

01 Den Seelachs waschen, trocken tupfen und in 2 cm große Würfel schneiden. Den Tofu abgießen, trocken tupfen und in 1 cm dicke Würfel schneiden. Die Sojasprossen waschen und abtropfen lassen. Den Chinakohl gründlich waschen, vom Strunk befreien und in schmale Streifen schneiden. Die Paprika waschen, vom Kerngehäuse befreien und in dünne Streifen schneiden. Die Frühlingszwiebeln waschen, von den Wurzeln befreien und in feine Ringe schneiden. Die Erdnüsse klein hacken. Den Koriander waschen, entstielen und grob hacken.

02 Das Kokosöl in einem flachen Topf erhitzen und die Currypaste darin auflösen. Seelachswürfel, Tofuwürfel, Paprika und Erdnüsse ca. 4–5 Minuten darin anbraten. Die Hälfte der Frühlingszwiebeln dazugeben und ca. 1–2 Minuten mit anschwitzen. Danach Sojasprossen, Chinakohl und Kokosmilch einrühren und alles zusammen ca. 5–6 Minuten schmoren. Mit Kurkuma, Salz und Pfeffer abschmecken.

03 Das Curry weitere 2–3 Minuten fertig garen und zum Servieren mit Koriander und den restlichen Frühlingszwiebeln bestreuen.

Nährwerte pro Person: 660 kcal, 40,8 g Eiweiß, 47,4 g Fett, 14,9 g Kohlenhydrate, 1,2 BE

Garnelenpfanne

Für 2 Personen

Zubereitungszeit:
20 Minuten

Zutaten

· 2 Knoblauchzehen
· 2 frische rote Chilischoten
· 3 EL Sesamöl
· 250 g Garnelen, geschält,
  küchenfertig
· Salz, Pfeffer
· 300 g Zucchini
· 100 ml Gemüsebrühe
· 2 EL Sojasauce
· ½ Bund frische Blattpetersilie

01 Den Knoblauch schälen und fein würfeln. Die Chilischoten längs halbieren, entkernen, waschen und fein hacken.

02 Das Sesamöl in einem Topf erhitzen und den Knoblauch zusammen mit dem Chili ca. 1–2 Minuten darin anschwitzen. Garnelen hinzufügen und alles zusammen für weitere 3 Minuten garen. Mit Salz und Pfeffer abschmecken.

03 Die Zucchini waschen, putzen und mit einem Sparschäler oder einem Spiralschneider in Nudelform bringen. In die Pfanne zu den Garnelen geben und die Zucchininudeln 2–3 Minuten darin garen. Die Garnelen-Gemüsemischung mit Gemüsebrühe und Sojasauce ablöschen und aufkochen lassen.

04 In der Zwischenzeit die Petersilie waschen, entstielen und grob hacken. Zum Servieren die Garnelenpfanne mit der Petersilie bestreuen.

TIPP: Am besten verwenden Sie für dieses Gericht küchenfertige Garnelen, die Sie nicht mehr putzen und entdarmen müssen. Hier bietet sich Tiefkühlware an, achten Sie beim Kauf aber bitte auf das Bio- oder MSC-Siegel.

Nährwerte pro Person: 313 kcal, 27,9 g Eiweiß, 18,7 g Fett, 6,9 g Kohlenhydrate, 0,6 BE

Miesmuscheln im Gemüse-Knoblauch-Sud

Für 2 Personen

Zubereitungszeit:
20 Minuten

Zutaten

· 1,5 kg Miesmuscheln,
  küchenfertig
· 3 Zwiebeln
· 4 Knoblauchzehen
· 2 Stangen Lauch
· 200 g Tomaten
· 2 EL Butter
· Chilipulver
· Salz und Pfeffer nach
  Geschmack
· 200 ml Gemüsebrühe
· 1 Bund frische Blattpetersilie

01 Die Miesmuscheln unter kaltem Wasser gründlich waschen und bereits geöffnete Muscheln entsorgen. Die Bärte von den Muscheln entfernen.

02 Die Zwiebeln schälen und in feine Ringe schneiden. Den Knoblauch schälen und fein würfeln. Den Lauch vom Wurzelwerk befreien, längs halbieren und in feine Streifen schneiden. Die Tomaten waschen und fein würfeln.

03 Die Butter in einem Topf erhitzen und Zwiebeln, Knoblauch, Lauch und Tomaten darin ca. 2–3 Minuten anbraten. Mit Chili, Salz und Pfeffer würzen.

04 Das Gemüse mit der Brühe ablöschen und die Muscheln dazugeben. Die Muscheln ca. 5 Minuten bei starker Hitze zugedeckt kochen lassen, bis sich alle Muscheln geöffnet haben.

05 Zwischenzeitlich die Petersilie waschen, trocken schütteln und die einzelnen Blättchen abzupfen.

06 Die Muscheln, die sich während des Kochens nicht geöffnet haben, vor dem Servieren aussortieren und entsorgen, da diese verdorben sein könnten.

07 Die Muscheln nun zusammen mit dem Gemüse-Knoblauch-Sud in dem Topf anrichten, mit Petersilie bestreuen und servieren.

TIPP: Miesmuscheln isst man traditionell in der Zeit zwischen September und April. Als kleiner Merktipp: Dies sind die Monate mit »r«.

Nährwerte pro Person: 277 kcal, 20,4 g Eiweiß, 13,8 g Fett, 14,9 g Kohlenhydrate, 1,2 BE

Gebratenes Lachssteak mit buntem Gemüse

Für 2 Personen

Zubereitungszeit:
20 Minuten

Zutaten

· 2 Lachssteaks mit Haut
  (à 180 g)
· Salz und Pfeffer nach
  Geschmack
· 2 frische rote Chilischoten
· 1 gelbe Paprikaschote
· 4 Knoblauchzehen
· 50 g Kirschtomaten
· 200 g Zucchini
· 1 Avocado
· 4 EL Rapsöl
· 150 ml Apfelsaft
· 1 EL Schmelzkäse, 20 % Fett i. Tr.
· Muskatnuss nach Geschmack
· 1 Bund frischer Schnittlauch
· Petersilie und Limette zur
  Dekoration

01 Die Lachssteaks waschen, trocken tupfen und mit Salz und Pfeffer würzen.

02 Die Chilischoten waschen, längs halbieren, entkernen und in feine Streifen schneiden. Die Paprika halbieren, entkernen, waschen und in 2 cm große Würfel schneiden. Den Knoblauch schälen und in feine Scheiben schneiden. Die Tomaten waschen und vierteln. Die Zucchini waschen und mit dem Gemüsehobel in breite Streifen schneiden. Die Avocado schälen, den Kern entfernen und in Würfel schneiden.

03 2 EL Öl in einer Pfanne erhitzen und die Lachssteaks von beiden Seiten ca. 1–2 Minuten anbraten. Anschließend aus der Pfanne nehmen und beiseitestellen.

04 Das restliche Öl in derselben Pfanne erhitzen und die Chili zusammen mit den Paprikawürfeln, Knoblauch, den Tomaten und den Zucchini darin ca. 2–3 Minuten anbraten. Mit Salz und Pfeffer würzen. Das Paprikagemüse anschließend mit Apfelsaft ablöschen, den Schmelzkäse unterrühren und mit Muskat, Salz und Pfeffer abschmecken. Die Lachssteaks dazugeben und in ca. 5–6 Minuten fertig garen. Kurz vor Ende der Garzeit die Avocadowürfel zugeben und ca. 1–2 Minuten mit braten.

05 In der Zwischenzeit den Schnittlauch waschen und in feine Röllchen schneiden.

06 Vor dem Servieren die Lachssteaks mit dem buntem Gemüse auf Tellern anrichten und mit Schnittlauchröllchen, Petersilie und Limette garnieren.

Nährwerte pro Person: 700 kcal, 42,3 g Eiweiß, 49,1 g Fett, 18,3 g Kohlenhydrate, 1,5 BE

Pochiertes Zanderfilet mit Lauch und Zucchini

Für 2 Personen

Zubereitungszeit:
20 Minuten

Zutaten

· 200 g Zanderfilet (ca. 3 Filets)
· Salz
· 100 ml Weißwein (mild)
· 100 ml Sahne
· 2 mittelgroße Zucchini
  (ca. 500 g)
· 30 g Butter
· Pfeffer
· ½ Stange Lauch
· 1–2 TL Zitronensaft
· Schalenabrieb von 1 Bio-Zitrone

01 Die Zanderfilets waschen, trocken tupfen, längs halbieren, in etwa 50 g schwere Portionsstücke schneiden und salzen.

02 Den Wein in eine hohe Pfanne geben und kurz aufkochen lassen. Die Zanderfilets hineinlegen und zugedeckt bei schwacher Hitze ca. 3 Minuten von jeder Seite gar ziehen lassen. Anschließend aus dem Sud nehmen, auf eine vorgewärmte Platte geben und warm stellen.

03 Die Sahne zum Wein gießen und auf zwei Drittel der Menge einkochen lassen.

04 In der Zwischenzeit die Zucchini waschen, längs halbieren und in dünne Scheiben schneiden. Ein Drittel der Butter schmelzen und die Zucchini darin ca. 4–6 Minuten anbraten, dann mit Salz und Pfeffer würzen und ebenfalls warm stellen.

05 Den Lauch waschen und in Streifen schneiden.

06 Die verbliebene kalte Butter in Würfel schneiden und nach und nach mit einem Schneebesen in die reduzierte Sauce rühren. Die Sauce nicht mehr kochen lassen! Die Lauchstreifen zugeben und das Ganze mit Salz, Pfeffer und etwas Zitronensaft abschmecken.

07 Den Zander mit der Lauch-Wein-Sauce und dem Zucchinigemüse auf Tellern anrichten. Mit Zitronenschalenabrieb garnieren und sofort servieren.

Nährwerte pro Person: 439 kcal, 25,4 g Eiweiß, 30 g Fett, 7,4 g Kohlenhydrate, 0,6 BE

Schnelles Fischfilet

Für 2 Personen

Zubereitungszeit:
15 Minuten

Zutaten

· 100 g Kidneybohnen (Dose)
· 1 Bund Frühlingszwiebeln
· 2 frische rote Chilischoten
· 3 Strauchtomaten
· Salz und Pfeffer nach
  Geschmack
· 2 Seelachsfilets (à etwa 180 g)
· 4 Streifen Alufolie
· 4 TL Olivenöl
· ½ Bund frischer Dill

01 Die Kidneybohnen in ein Sieb geben und gut abtropfen lassen. Die Frühlingszwiebeln vom Wurzelwerk befreien, waschen und in feine Röllchen schneiden. Die Chilischoten waschen, halbieren, entkernen und in feine Würfel schneiden. Die Tomaten waschen, den Strunk entfernen und in 1 cm große Würfel schneiden.

02 Den Backofen auf 180 °C (Umluft) vorheizen.

03 Die Bohnen mit den Frühlingszwiebeln und den Chili- und Tomatenwürfeln in einer großen Schüssel mischen und mit Salz und Pfeffer abschmecken.

04 Die Seelachsfilets waschen, trocken tupfen und ebenfalls mit Salz und Pfeffer würzen.

05 Jeden Streifen Alufolie jeweils mit 1 TL Öl bestreichen und die Bohnenmischung darauf geben. Anschließend den gewürzten Fisch darauflegen und zu einem Päckchen verschließen. Die Fisch-Gemüse-Päckchen im Backofen auf mittlerer Schiene ca. 10 Minuten garen.

06 In der Zwischenzeit den Dill waschen, trocken schütteln und fein hacken.

07 Vor dem Servieren die Fischpäckchen auf Tellern anrichten, öffnen und mit dem Dill bestreuen.

TIPP: Sie können statt Seelachs auch jeden beliebigen anderen Fisch verwenden.

Nährwerte pro Person: 410 kcal, 42,3 g Eiweiß, 15,9 g Fett, 19 g Kohlenhydrate, 1,6 BE

Fischeintopf

Für 2 Personen

Zubereitungszeit:
15 Minuten

Zutaten

· 300 g Steinbeißerfilet
· Salz, Pfeffer
· 1 Fleischtomate
· 2 Gemüsezwiebeln
· 1 rote Paprikaschote
· 2 EL Rapsöl
· 1 TL Chiliflocken
· 200 ml Kokosmilch
· 200 ml Wasser
· Curry, Koriander

01 Die Fischfilets in 3–4 cm große Stücke schneiden. Den Fisch mit Salz und Pfeffer würzen.

02 Die Tomate waschen und fein würfeln. Die Zwiebeln schälen und ebenfalls fein würfeln. Die Paprikaschote halbieren, entkernen, waschen und in 2 cm große Stücke schneiden.

03 Das Öl in einem Topf erhitzen. Zwiebeln und Paprika darin ca. 1–2 Minuten dünsten. Tomaten und Chiliflocken zugeben. Mit der Kokosmilch und dem Wasser auffüllen. Halb zugedeckt 4–5 Minuten bei milder Hitze kochen lassen. Mit Salz und Pfeffer würzen und mit Curry und Koriander abschmecken.

04 Dann die Fischstücke zugeben und 4–5 Minuten bei milder Hitze im Eintopf gar ziehen lassen.

TIPP: Eine preislich etwas günstigere Variante zum Steinbeißerfilet ist Seelachsfilet.

Nährwerte pro Person: 535 kcal, 32,9 g Eiweiß, 36,2 g Fett, 16,8 g Kohlenhydrate, 1,4 BE

DESSERTS

Schokoschnitte

Für eine eckige Springform
24 x 24 cm (alternativ: Back-
rahmen)
Ergibt etwa 20 Schnitten

Zubereitungszeit:
30 Minuten

Zutaten

· 75 g Butter
· 80 g Kuvertüre, 80 %
· 3 Eier (Größe L)
· 75 g Xylit
· 100 ml Sahne
· Vanillearoma nach Geschmack
· 1 gehäufter TL Zimt
· 1 gehäufter TL Backpulver
· 1 gehäufter TL Johannisbrotkernmehl
· 40 g Mandelmehl (teilentölt)
· 150 g gemahlene Mandeln
· Zur Dekoration: Minze

01 Den Backofen auf 175 °C (Umluft) vorheizen. Den Boden der Springform mit Backpapier bespannen.

02 Die Butter vorsichtig schmelzen lassen. Die Hälfte der Kuvertüre im Wasserbad schmelzen, die andere Hälfte grob reiben.

03 Die Eier trennen, das Eiweiß zu steifem Schnee schlagen und beiseitestellen. Die Eigelbe mit dem Xylit, der Sahne, der Butter und dem Vanillearoma so lange verrühren, bis sich das Xylit aufgelöst hat. Dann die geriebene Kuvertüre zugeben und den Zimt unterrühren. Das Backpulver und das Johannisbrotkernmehl darüber sieben und zusammen mit dem Mandelmehl unterrühren.

04 Anschließend den Eischnee vorsichtig zusammen mit den gemahlenen Mandeln unterheben, sodass ein luftiger Teig entsteht.

05 Die geschmolzene Kuvertüre sollte etwa 32–34 °C haben, diese vorsichtig unter die Masse heben.

06 Den Teig in die vorbereitete Springform geben und glatt streichen.

07 Anschließend für etwa 20–25 Minuten backen. Den Kuchen in der Form auskühlen lassen. Dann auf ein Brett geben und in 20 Schnitten schneiden. Zum Servieren ein paar Minzblätter anlegen.

Nährwerte pro Schnitte: 142 kcal, 4,7 g Eiweiß, 11,6 g Fett, 1,8 g Kohlenhydrate, 0,1 BE

Blaubeereis homemade

Für 2 Personen

Zubereitungszeit:
30 Minuten

Wartezeit:
4–5 Stunden

Zutaten

· 150 g Blaubeeren (Bioware)
· 1 TL Ahornsirup
· ½ Birne (z. B. Nashi-Birne)
· ¼ Bund Zitronenmelisse
· 2 Tropfen Rumaroma
· 1 Eiweiß (von einem Ei Größe M)

01 Die Blaubeeren (ein paar zur Dekoration beiseitestellen) in einem Topf mit dem Ahornsirup aufkochen und anschließend mit einem Mixer fein pürieren und erkalten lassen.

02 Die Birne schälen, vierteln, Kerngehäuse entfernen und das Fruchtfleisch fein würfeln. Die Melisse waschen, trocken schütteln und die Blätter abzupfen. Die Birnenwürfel und die Melisse mit einem Stabmixer in einer Metallschüssel fein pürieren.

03 Das Blaubeermus und das Rumaroma unterrühren. Das Püree abgedeckt im Gefrierschrank 2 Stunden gefrieren lassen. Damit sich keine Eiskristalle bilden, alle 30 Minuten umrühren.

04 Sobald das Püree zu gefrieren beginnt, das Eiweiß steif schlagen und unter das Sorbet heben. Den Einfriervorgang mit dem regelmäßigen Umrühren fortsetzen – insgesamt über eine Dauer von 4–5 Stunden.

05 Vor dem Servieren noch einmal gut durchrühren, Eisportionen abstechen, auf Schalen verteilen und mit ein paar frischen Blaubeeren garnieren.

Nährwerte pro Person: 85 kcal, 2,5 g Eiweiß, 0,6 g Fett, 14 g Kohlenhydrate, 1,2 BE

Melonenkaltschale mit Cremeschaum

Für 2 Personen

Zubereitungszeit:
20 Minuten

Zutaten

· 15 g Zartbitterschokolade
  (Kakaoanteil mind. 80 %)
· 1 Eiweiß (Größe L)
· 100 ml Sahne
· 1 gehäufter TL Kakaopulver,
  ungesüßt
· 300 g Wassermelone

01 Die Schokolade fein raspeln. Etwas von den Schokoraspeln für die Garnierung zurückbehalten.

02 Eiweiß und Sahne jeweils steif schlagen, anschließend vorsichtig mischen und den Kakao und die Zartbitterschokoladenraspeln unterheben. Die Masse ca. 10 Minuten in den Kühlschrank stellen.

03 Die Wassermelone schälen, von den Kernen befreien und in einem hohen Gefäß mit einem Stabmixer fein pürieren.

04 Die Melonenkaltschale in Suppenschalen geben, den Schaum mit einem Esslöffel in Nocken abstechen und auf dem Fruchtsaucenspiegel anrichten. Mit den restlichen Schokoladenraspeln garnieren.

TIPP: Je reifer die Melone ist, die Sie kaufen, desto aromatischer schmeckt sie. Dies erkennen Sie daran, indem Sie auf die Melone klopfen. Hört sich das Geräusch dumpf und nicht hohl an, ist die Melone reif. Außerdem sind reife Melonen schwerer als unreife, vergleichen Sie deshalb gleich große Früchte auch nach ihrem Gewicht.

Nährwerte pro Person: 240 kcal, 5,2 g Eiweiß, 20,2 g Fett, 9,3 g Kohlenhydrate, 0,8 BE

Apfelmuffins

Ergibt 8 Muffins

Zubereitungszeit:
10 Minuten

Backzeit:
18–22 Minuten

Zutaten

· 200 g Äpfel (z. B. Boskop)
· 75 g Haselnüsse, gemahlen
· ½ TL Backpulver
· 1 TL Johannisbrotkernmehl
· 1 Ei + 1 Eiweiß (Größe L)
· Mark von ½ Vanilleschote
· ½ EL Apfeldicksaft
· 20 g Butter
· 30 g Apfelmus, ungesüßt
· 10 g Eiweißpulver
  (neutraler Geschmack)
· 1 Prise Salz
· 8 Muffinförmchen aus Silikon
  oder alternativ ein mit Papiermanschetten ausgelegtes
  Muffinblech

01 Den Backofen auf 180 °C Umluft vorheizen.

02 Die Äpfel schälen, vierteln, Kerngehäuse entfernen und in feine Würfel schneiden.

03 Haselnüsse, Backpulver und Johannisbrotkernmehl miteinander mischen. Das Ei mit dem Vanillemark, dem Apfeldicksaft, der Butter und dem Apfelmus schaumig rühren. Die Apfelwürfel unterheben. Eiweißpulver nach und nach zugeben und mit der Haselnussmischung zu einem glatten Teig verrühren.

04 Das Eiweiß mit einer Prise Salz steif schlagen. Den Eischnee vorsichtig unterheben.

05 Den Teig auf die Muffinförmchen verteilen und im Backofen auf mittlerer Schiene ca. 18–22 Minuten backen.

06 Anschließend 15 Minuten erkalten lassen, aus den Förmchen nehmen und servieren.

Nährwerte pro Stück: 121 kcal, 4,1 g Eiweiß, 8,8 g Fett, 5,7 g Kohlenhydrate, 0,5 BE

Sauerkirsch-Clafoutis

Für 2 Personen

Zubereitungszeit:
25 Minuten

Zutaten

· 200 g frische Sauerkirschen
· 5 g Butter
· 1 Eiweiß + 1 Ei (Größe L)
· 1 Prise Salz
· Saft von ½ Zitrone
· Mark von ½ Vanilleschote
· 2 EL Kokosflocken
· 80 g Speisequark, Vollfett
· 80 ml Milch, 1,5 % Fett
· 1 TL Johannisbrotkernmehl
· 1 TL Erythrit-Puderzucker

01 Den Backofen auf 160 °C Umluft vorheizen.

02 Die Sauerkirschen waschen und entkernen.

03 Eine feuerfeste Auflaufform mit der Butter ausstreichen und die Sauerkirschen gleichmäßig darin verteilen.

04 Das Eiweiß mit 1 Prise Salz und dem Zitronensaft steif schlagen. Das Ei mit dem Vanillemark, den Kokosflocken und dem Speisequark in einer Schüssel verrühren. Nach und nach die Milch und das Johannisbrotkernmehl zugeben und alles kräftig vermischen. Den Eischnee und ½ TL Erythrit vorsichtig unterheben und die Masse auf die Sauerkirschen verteilen.

05 Den Auflauf im Backofen auf der mittleren Schiene ca. 18–20 Minuten backen. Anschließend in der Form servieren und mit dem restlichen Erythrit-Puderzucker und etwas Minze garnieren.

TIPP: Erythrit-Puderzucker kann man ganz leicht selbst herstellen, indem man das Erythrit in einem Mixer fein mixt.

Nährwerte pro Person: 344 kcal, 13,9 g Eiweiß, 23,8 g Fett, 14,7 g Kohlenhydrate, 1,2 BE

Blaubeercreme mit Himbeermousse

Für 2 Personen

Zubereitungszeit:
10 Minuten

Wartezeit:
1 Stunde

Zutaten

· 2 Blatt Gelatine
· 3 EL Wasser
· 1 Eiweiß (von einem Ei Größe M)
· 200 g Magerquark
· Saft von 1 Limette
· 150 g Blaubeeren
· 250 ml Wasser
  (für das Wasserbad)
· 200 g frische Himbeeren
· ½ Bund frische Minze

01 Die Gelatine für etwa 2 Minuten in kaltem Wasser (3 EL) einweichen, dann ausdrücken und in eine Schüssel geben.

02 Das Eiweiß steif schlagen und beiseitestellen.

03 Den Quark zusammen mit dem Limettensaft und den Blaubeeren in eine Schüssel geben und das Ganze mit einem Stabmixer pürieren.

04 In der Zwischenzeit 200 ml Wasser in einem Topf aufkochen lassen und ein Wasserbad vorbereiten. Die Gelatine in der Schüssel über dem Wasserbad auflösen und anschließend löffelweise unter die Quarkmasse rühren. Dann vorsichtig den Eischnee unterheben.

05 Die Masse für etwa 1 Stunde im Kühlschrank kalt stellen.

06 Die Himbeeren verlesen, waschen, mit 50 ml Wasser vermischen und mit einem Stabmixer pürieren.

07 Auf einem Teller einen Himbeersaucenspiegel anrichten. Von der Blaubeerquarkmasse mit einem Esslöffel Nocken abstechen und auf die Fruchtmasse geben. Mit Minze dekorieren.

Nährwerte pro Person: 179 kcal, 18,5 g Eiweiß, 1,3 g Fett, 15,2 g Kohlenhydrate, 1,3 BE

Chiacreme mit Erdbeeren

Für 2 Personen

Zubereitungszeit:
10 Minuten

Wartezeit:
1 Stunde

Zutaten

· 70 g Chiasamen
· 200 ml Kokosmilch
· 50 g Heidelbeeren
· 150 ml kalter Kaffee
· 80 g Crème fraîche
· 20 g Erythrit
· 300 g Erdbeeren
· Minze zur Dekoration

01 Die Chiasamen mit der Kokosmilch ca. 5–8 Minuten quellen lassen. Die Heidelbeeren waschen.

02 Die restlichen Zutaten, mit Ausnahme der Heidelbeeren, der Erdbeeren und der Minze, zufügen und alles zusammen nochmals gut durchrühren. Anschließend die Heidelbeeren vorsichtig unterheben und die Chiacreme in Gläser geben.

03 Die Erdbeeren putzen, waschen und vierteln und auf den Gläsern verteilen.

04 Im Kühlschrank ca. 1 Stunde kalt stellen.

05 Mit Minze dekorieren.

TIPP: Die Konsistenz wird umso fester, je länger die Creme kalt gestellt wird.

Nährwerte pro Person: 550 kcal, 10,4 g Eiweiß, 45,6 g Fett, 16,8 g Kohlenhydrate, 1,7 BE

SNACKS

Spargel im Speckmantel

Für 2 Personen

Zubereitungszeit:
10 Minuten

Zutaten

· 750 g frischer grüner Spargel
· 1 Zwiebel
· 20 g Walnüsse, ohne Schale
· 3 EL Rapsöl
· 1 EL Aceto balsamico, hell
· 4 EL Spargelkochwasser
· Salz und Pfeffer nach
  Geschmack
· 150 g Schinkenspeck, in
  Scheiben
· 1 Bund frischer Petersilie

01 Den Spargel im unteren Drittel schälen und die Enden ca. 2 cm abschneiden. Den Spargel in reichlich Salzwasser ca. 4–5 Minuten kochen. (Hinweis: Etwas Kochwasser wird gleich noch für die Marinade benötigt!) Anschließend in kaltem Wasser abschrecken.

02 Die Zwiebel schälen und fein würfeln. Die Walnüsse grob hacken und zusammen mit den Zwiebelwürfeln vermengen. 2 EL Öl, Balsamicoessig und Spargelkochwasser hinzufügen und mit Salz und Pfeffer würzen.

03 Den Spargel mit dem Schinkenspeck umwickeln. 1 EL Öl in einer Pfanne erhitzen und die Spargelröllchen darin ca. 2–3 Minuten anbraten.

04 Die Spargelröllchen auf Tellern anrichten, die Marinade darauf geben und mit Petersilie bestreut servieren.

TIPP: Sie können die Spargelstangen mit Speck umwickelt auch im Backofen bei 180 °C (Umluft) in ca. 8–10 Minuten zubereiten.

Nährwerte pro Person: 398 kcal, 23,5 g Eiweiß, 28,4 g Fett, 9,6 g Kohlenhydrate, 0,8 BE

Bunte Gemüsechips

Für 2 Personen

Zubereitungszeit:
10 Minuten

Backzeit:
40–50 Minuten

Zutaten

· 1 Rote Bete
· 1 Pastinake
· 1 Sellerie
· 1 EL Olivenöl
· Salz
· weitere Gewürze nach
  Geschmack

01 Das Gemüse putzen und schälen. Mit einem Gemüsehobel in dünne Scheiben schneiden. Je dünner die Scheiben sind, desto knuspriger werden die Chips.

02 Das Olivenöl mit Salz und/oder anderen Gewürzen nach Geschmack (Paprikapulver, Curry, Thymian, …) in einer Schüssel verrühren. Die Gemüsechips hineingeben und mit Olivenöl und den Gewürzen vermischen.

03 Ein Backblech mit Backpapier auslegen und die Gemüsechips gleichmäßig darauf verteilen.

04 Im Backofen bei 140 °C (Umluft) circa 40–50 Minuten backen. Den Ofen zwischendurch immer wieder öffnen, sodass der Wasserdampf entweichen kann. Öfter nachschauen – zwischen knusprig und verbrannt liegen nur wenige Augenblicke.

TIPP: Alternativ können die Chips auch im Dörrgerät zubereitet werden. Dann einfach das Öl weglassen.

Nährwerte pro Person: 173 kcal, 4,1 g Eiweiß, 5,9 g Fett, 21 g Kohlenhydrate, 1,7 BE

Auberginen-Bruschetta

Für 2 Personen

Zubereitungszeit:
20 Minuten

Zutaten

· 2 Auberginen
· 2 EL ÖL
· Chillisalz
· 1 Zwiebel
· 100 g Kirschtomaten
· 2 EL Tomatenmark
· 100 g Gouda, Emmentaler
  oder Edamer, gerieben
· Oregano, gerebelt
· Knoblauchpulver nach
  Geschmack
· 3 EL Wasser
· ½ Bund Basilikum

01 Die Auberginen waschen, in 1 cm dicke Scheiben schneiden und in einer Pfanne in dem Öl 1–2 Minuten von jeder Seite anbraten, mit Chilisalz würzen.

02 Die Zwiebel in feine Würfel schneiden. Die Kirschtomaten waschen und halbieren. Dann die Kirschtomaten mit dem Tomatenmark, den Zwiebeln und der Hälfte des geriebenen Käses sowie dem Oregano und Knoblauchpulver sowie 3 EL Wasser glatt rühren.

03 Den Backofen auf 180 °C (Umluft) vorheizen. Die Auberginenscheiben auf ein Backblech legen und mit der Tomatencreme bestreichen, mit dem restlichen Käse und Basilikum belegen. Anschließend im Backofen ca. 7–8 Minuten backen.

Nährwerte pro Person: 341 kcal, 15 g Eiweiß, 26,1 g Fett, 9,1 g Kohlenhydrate, 0,8 BE

Gefüllte Fleischtomaten

Für 2 Personen

Zubereitungszeit:
20 Minuten

Zutaten

· 4 große Fleischtomaten
  (à ca. 200 g)
· ½ Bund frischer Basilikum
· 3 Frühlingszwiebeln
· 100 g grüne Oliven, ohne Stein
· 1 Knoblauchzehe
· 300 g Ricotta
· 100 g Kapern (Glas,
  Abtropfgewicht)
· 100 g Erdnüsse, ungesalzen
· 100 g Joghurt, 1,5 % Fett
· Saft von ½ Zitrone
· Salz und Cayennepfeffer
  nach Geschmack

01 Die Tomaten waschen, jeweils einen Deckel abschneiden und diesen beiseitelegen. Die Tomatenkerne mit einem Teelöffel herauslösen.

02 Den Backofen auf 180 °C (Umluft) vorheizen.

03 Für die Füllung den Basilikum waschen und trocken schütteln, die Blätter abzupfen und in feine Streifen schneiden. Die Frühlingszwiebeln waschen und in feine Röllchen schneiden. Die Oliven grob hacken. Den Knoblauch schälen und durch eine Knoblauchpresse drücken. Basilikum, Frühlingszwiebeln, Oliven und Knoblauch mit dem Ricotta mischen. Die Kapern in einem Sieb abtropfen lassen. Die Erdnüsse zusammen mit dem Joghurt, den Kapern und dem Zitronensaft ebenfalls dazu mischen. Mit Salz und Cayennepfeffer würzen. Alles nochmals gründlich mischen.

04 Die Tomaten in eine Auflaufform setzen. Mit der Ricottamasse füllen und die Deckel auf die Tomaten setzen. Anschließend die Tomaten im Backofen auf mittlerer Schiene ca. 6–8 Minuten backen oder alternativ ca. 8–10 Minuten grillen.

INFO: Zur Herstellung von Ricotta wird Süßmolke verwendet. Diese ist ein Restprodukt der Käseherstellung. Die Molke enthält kein Casein (Mischung aus mehreren Proteinen), aber viele andere Proteine, wie z. B. Albumin.

Nährwerte pro Person: 755 kcal, 35,6 g Eiweiß, 51,5 g Fett, 28,4 g Kohlenhydrate, 2,4 BE

Zucchini-Käse-Päckchen

Für 4 Personen

Zubereitungszeit:
15 Minuten

Wartezeit:
1 Stunde

Zutaten

· 350 g Schafskäse
· 25 ml Olivenöl (für die
  Marinade)
· 5 Tropfen Zitronensaft
· 2 TL Oregano
· Salz und Pfeffer
· 2 Zucchini, möglichst gleich lang
· 1 rote Zwiebel
· 150 g Kirschtomaten
· 1 EL Olivenöl zum Anbraten
· 1 Zweig frischer Majoran

01 Den Schafskäse in gut fingerdicke Würfel schneiden. Die 25 ml Olivenöl mit Zitronensaft, Oregano, Salz und Pfeffer zu einer Marinade verrühren. Die Käsewürfel damit einpinseln und zugedeckt ca. eine Stunde kalt stellen.

02 Die Zucchini waschen, die Enden abschneiden und längs in dünne Streifen hobeln. Dann auf dem Grill oder in einer Grillpfanne von beiden Seiten anbraten.

03 Die Zwiebel schälen und in feine Streifen schneiden, zusammen mit den Tomaten in einer heißen Pfanne mit 1 EL Olivenöl ca. 3–4 Minuten scharf anbraten.

04 Die Hälfte der Zwiebel-Tomatenmischung auf den Schafskäse geben und diesen mit den Zucchinischeiben einwickeln und fixieren. Päckchen auf dem Grill oder mit etwas Öl (von dem Marinadenöl) in der Pfanne 3–4 Minuten unter Wenden anbraten, dabei mit der restlichen Marinade bepinseln.

05 Die Zucchini-Käse-Päckchen mit den restlichen Schmor-Zwiebeln anrichten. Mit frischem Majoran bestreuen und servieren.

TIPP: Den Schafskäse können Sie auch am Vortag marinieren und über Nacht in einem verschlossenen Behälter im Kühlschrank aufbewahren. So haben Sie am Kochtag Zeit gespart.

Nährwerte pro Person: 675 kcal, 28,5 g Eiweiß, 60 g Fett, 4,8 g Kohlenhydrate, 0,4 BE

Eiermuffins mit Schnittlauch

Für 2 Personen

Zubereitungszeit:
20 Minuten

Zutaten

· 2 Zwiebeln
· 1 rote Paprikaschoten
· 1 grüne Paprikaschote
· ¼ Bund frischer Schnittlauch
· 80 g Kochschinken
  (ca. 4 Scheiben)
· 4 Eier (Größe M)
· 8 dünne Scheiben
  Frühstücksspeck
· Salz und Pfeffer nach
  Geschmack

01 Den Backofen auf 180 °C (Umluft) vorheizen.

02 Für die Muffins zunächst die Zwiebeln schälen und in feine Würfel schneiden. Die Paprika halbieren, zunächst Kerne und weiße Häutchen entfernen, anschließend waschen und in feine kleine Würfel schneiden. Den Schnittlauch waschen, trocken schütteln und in Röllchen schneiden. Den Kochschinken in dünne Streifen schneiden. Die Eier in einem Glas aufschlagen und mit einer Gabel verquirlen.

03 Vier Muffinförmchen jeweils mit zwei Scheiben Speck auslegen. Die Eier und die vorbereiteten Zutaten gleichmäßig auf die Förmchen verteilen.

04 Die Muffins im Backofen auf mittlerer Schiene 10–12 Minuten backen, bis die Eimasse fest gestockt ist.

05 Zum Servieren die Muffins mit Salz und Pfeffer würzen und mit den Schnittlauchröllchen garnieren.

TIPP: Diese Muffins machen sich auch sehr gut als Frühstücksgericht oder zu einem Brunch.

Nährwerte pro Person: 486 kcal, 27,3 g Eiweiß, 37,8 g Fett, 8,4 g Kohlenhydrate, 0,7 BE

REZEPTÜBERSICHT

35 Mandel-Joghurt-Smoothie

37 Pancake-Rollen

39 Feldsalat-Omelett

41 Kürbis-Quark-Brot herzhaft belegt

43 Schokomuffins mit Johannisbeeren

45 Chia-Brötchen

47 Garnelensuppe

49 Asiatische Suppe

51 Rote Bete Suppe

53 Spinatsüppchen

55 Brokkolisuppe

57 Bunter Geflügelsalat

59 Mediterraner Salat

61 Spargelsalat mit Walnuss-Dressing

63 Linsensalat

65 Zucchinispaghetti-Salat mit Garnelen

67 Roter Matjessalat

69 Quinoa-Salat mit Cranberrys

71 Portobello-Burger

73 Spitzkohlauflauf

75 Ofenpaprika mit Tofu-Füllung

77 Zucchiniquiche

79 Barbecue-Bohnen

81 Brokkoli-Muffins

83 Süßkartoffel-Pfanne

85 Zucchinirösti mit Dill-Zitronendip

87 Asiatische Hähnchen-Pfanne

89 Knuspriges Putenschnitzel mit Dill-Gurken-Salat

91 Geflügelklöße mit Salsa

93 Gefüllte Hähnchenbrust

95 Entenbrust mit Kohlgemüse

97 Puten-Brokkoli-Gratin

99 Hühnerfrikassee mit Spargel und Champignons

101 Auberginen-Moussaka

103 Schnitzelchen mit Gurken-Radieschen-Salat

105 Filetpfanne mit Pilzen

107 Rinderhüftsteak mit Joghurttomaten

109 Überbackener Hackbraten

112 Eintopf mit Speck

113 Rinderroulade mit Rotkohl und Selleriepüree

115 Fischcurry

117 Garnelenpfanne

119 Miesmuscheln im Gemüse-Knoblauch-Sud

121 Gebratenes Lachssteak mit buntem Gemüse

123 Pochiertes Zanderfilet mit Lauch und Zucchini

125 Schnelles Fischfilet

127 Fischeintopf

129 Schokoschnitte

131 Blaubeereis homemade

133 Melonenkaltschale mit Cremeschaum

135 Apfelmuffins

137 Sauerkirsch-Clafoutis

139 Blaubeercreme mit Himbeermousse

141 Chiacreme mit Erdbeeren

143 Spargel im Speckmantel

145 Bunte Gemüsechips

147 Auberginen-Bruschetta

149 Gefüllte Fleischtomaten

151 Zucchini-Käse-Päckchen

153 Eiermuffins mit Schnittlauch

DER AUTOR

Der aus TV und Medien bekannte Low-Carb-Koch Wolfgang Link stammt aus dem mittelfränkischen Neuendettelsau.

Nach seiner Kochausbildung in einem feinen Hotel/Gasthof und einigen weiteren Stationen in der Gastronomie verschlug es den charismatischen Koch in die Business-Gastronomie eines internationalen Automobilzulieferers, wo er heute den Catering-Service an mehreren Standorten leitet. Aufgrund seiner Liebe zum Beruf folgten verschiedene Ausbildungen, etwa zum Diätkoch, zum Küchenmeister und zum technischen Betriebswirt. Ein Meilenstein seiner beruflichen Weiterentwicklung war die Ausbildung zum LOGI-Experten.

Sein inzwischen sehr umfangreiches Betätigungsfeld reicht von Vorträgen über Kochkurse in seiner eigenen Genussschule, Kochshows, Gastro-Beratungen sowie einen eigenen YouTube-Kanal bis hin zu regelmäßigen Fernsehauftritten im Bayerischen Fernsehen.

Seiner Autorenfeder entstammen mittlerweile mehr als 20 Kochbücher, wovon einige Bestseller geworden sind.

IMPRESSUM

Rechtlicher Hinweis:
Soweit in diesem Buch medizinische Empfehlungen und Dosierungen genannt werden, hat der Autor größtmögliche Sorgfalt walten lassen. Die Informationen aus diesem Buch können dennoch keinesfalls eine ärztliche Behandlung ersetzen. Über die individuelle Therapie und den gegebenenfalls nötigen Medikamenteneinsatz kann nur in Abstimmung mit dem behandelnden Arzt entschieden werden.

Copyright © 2020 Weltbild GmbH & Co. KG, Werner-von-Siemens-Str. 1, 86159 Augsburg

Alle Rechte vorbehalten.
Nachdruck, auch auszugsweise, sowie Verbreitung durch Film, Funk und Fernsehen, durch fotomechanische Wiedergabe, Tonträger und Datenverarbeitungssysteme jeglicher Art nur mit schriftlicher Genehmigung des Verlages.

Redaktion: pharmotion GmbH, Lünen
Lektorat: Simone Fischer, Rott
Gestaltung und Satz: Die Knaben – Büro für Gestaltung, Frankfurt
Fotografie: Shutterstock, Reiner Schmitz, Bartosz Ludwinski
Umschlaggestaltung: Die Knaben – Büro für Gestaltung, Frankfurt
Umschlagmotiv: Shutterstock
Druck und Bindung: Florjancic Tisk d.o.o., Slowenien
Printed in the EU
ISBN: 978-3-8289-4453-4

Einkaufen im Internet: *www.weltbild.de*